新工科·高质量教材建设计划

翻译技术实践

谢婷 主编

电子科技大学出版社
University of Electronic Science and Technology of China Press
·成都·

图书在版编目(CIP)数据

翻译技术实践 / 谢婷主编. — 成都：成都电子科大出版社，2024.9
ISBN 978-7-5770-0846-2

Ⅰ. ①翻… Ⅱ. ①谢… Ⅲ. ①英语—翻译—高等学校—教材 Ⅳ. ①H315.9

中国国家版本馆 CIP 数据核字（2024）第 032252 号

翻译技术实践

谢婷　主编

策划编辑　谢晓辉　李述娜
责任编辑　李述娜
责任校对　谢晓辉
责任印制　段晓静

出版发行	电子科技大学出版社
	成都市一环路东一段159号电子信息产业大厦九楼　邮编 610051
主　　页	www.uestcp.com.cn
服务电话	028-83203399
邮购电话	028-83201495
印　　刷	成都市火炬印务有限公司
成品尺寸	170 mm×240 mm
印　　张	12.75
字　　数	252千字
版　　次	2024年9月第1版
印　　次	2024年9月第1次印刷
书　　号	ISBN 978-7-5770-0846-2
定　　价	69.00元

版权所有，侵权必究

前 言
Foreword

机器翻译+译后编辑的工作模式使得翻译的生产率得到极大提高,根据《2024 中国翻译及语言服务行业发展报告》内容,翻译产业化现象越来越明显。人工智能时代,语言和跨文化能力不再是对高素质翻译人才唯一的要求。只有同时掌握语言与翻译技术知识的翻译人才,才能更好地服务于国家翻译能力建设。对于人才培养而言,如何培养一专多能的复合型翻译人才变得尤为重要。

任何课程都应该承载着知识传授、技能提升和思想政治教育的三重功能。翻译技术类课程致力于提升新时代大学生的信息技术素养,强化其运用翻译技术和工具处理问题的能力,旨在培养懂翻译、懂技术的兼具国际视野和家国情怀的人才,培养能担起中华民族伟大复兴的历史重任的社会主义建设者和接班人。

《普通高等学校本科翻译专业教学指南》将翻译技术课程定位为专业核心课程,要求高校注重培养翻译专业学生的技术能力。在这一背景下,电子科技大学外国语学院根据《普通高等学校本科翻译专业教学指南》的要求,结合语言服务行业的发展趋势和对高素质翻译人才的要求,在翻译专业开设"实用翻译技术"课程,探索以翻译技术思维培养为核心的教学模式。本书即为课程探索初期的阶段性成果。

本书的编写理念、内容编排和使用方法主要具有以下特点。

在编写过程中,本书以翻译技术高阶思维能力为核心,倡导技术运用和思维训练的融合;通过计算机相关的基础知识阐述、技术实践、技能提升三个步骤,在项目驱动的实践操作中,提高学生解决实际问题的能力,加强学生的知识迁移能力;在强调技术工具运用的同时,强化技术思维的养成,唤起文科学生对交叉学科的兴趣与探索。

在内容编排上,本书共五章,每一章又包含若干个实践环节。第一章阐述人工智能时代译员(翻译人员,也称译者)的技术素养要求;第二章围绕译前技术开展实践操作,包含语料获取、语料处理、术语库、翻译记忆库等内容;第三章为译中技术实践,主要介绍主流的计算机辅助翻译(computer aided translation,CAT)软件和翻译项目管理的相关知识,并以两款主流计算机辅助翻译技术工具中的翻译、审校环节展开技术实践；第四章为译后编辑的相关内容；第五章结合了前面四章的内容，以字幕翻译小型项目实际操作展开实训。

在使用方法上，教师可以根据实验室的计算机辅助翻译软件工具进行选择，还可以更替教材中的案例素材并作为校本特色内容，挖掘案例、素材、项目中的思政元素，通过价值引领立体化、教学方法多样化、评价方式多元化，体现价值塑造、知识传授和能力培养的有机融合。

由于本书的授课对象基本以文科学生为主，在编写时，尽可能地做到翔实，并通过操作图示予以辅助，使用者可以参考操作步骤进行技术实践。

本书的编写参考了多部翻译技术教学领域的教材和参考资料，结合我校翻译本科专业的翻译技术基础课程的教学经验，历时一年多完成。虽然经过团队成员的共同努力得以完成，但由于信息技术发展太快，作者学识水平有限，本书难免有不足之处，欢迎广大读者批评指正。

本书系中国高等教育学会2023年度高等教育科学研究规划课题——以电子信息类语料库为基础的口笔译课程改革（23WYJ0424）的成果之一。

目录 Contents

第一章 人工智能时代译员的技术素养 ············ 1
1.1 人工智能时代的翻译技术特性 ············ 1
1.2 译者能力模型 ············ 5
1.3 翻译专业学生应具备的技术素养 ············ 7
1.3.1 翻译技术能力的重要性 ············ 7
1.3.2 应对策略 ············ 8

第二章 译前技术实践 ············ 11
2.1 资源准备 ············ 11
2.1.1 资源类型 ············ 11
2.1.2 资源选取策略 ············ 12
2.1.3 资源采集 ············ 13
2.2 语料处理 ············ 23
2.2.1 文件类型、特点 ············ 23
2.2.2 文档处理 ············ 28
2.2.3 文本处理 ············ 37
2.3 术语库 ············ 48
2.3.1 术语基础知识 ············ 48
2.3.2 术语提取技术 ············ 49
2.3.3 术语库管理的基础知识 ············ 55
2.3.4 术语库的创建 ············ 57
2.3.5 在线术语库 ············ 67
2.4 翻译记忆库的基础知识 ············ 71
2.4.1 翻译记忆库 ············ 71
2.4.2 语料对齐工具介绍 ············ 72
2.4.3 翻译记忆库的创建 ············ 80

第三章　译中技术实践

3.1 计算机辅助翻译技术 …… 85
- 3.1.1 计算机辅助翻译技术的基础知识 …… 85
- 3.1.2 主流计算机辅助翻译软件 …… 86

3.2 翻译项目管理 …… 88
- 3.2.1 翻译项目管理的基础知识 …… 88
- 3.2.2 翻译项目管理工具的运用 …… 90

3.3 机器翻译技术 …… 112
- 3.3.1 基础知识 …… 112
- 3.3.2 机器翻译的基本原理 …… 113
- 3.3.3 常用的机器翻译引擎 …… 114
- 3.3.4 机器翻译的质量评估 …… 115

3.4 计算机辅助翻译软件中的翻译 …… 116
- 3.4.1 YiCAT在线翻译平台上的翻译 …… 116
- 3.4.2 SDL Trados Studio 的翻译 …… 139

3.5 计算机辅助翻译软件中的审校 …… 141
- 3.5.1 YiCAT在线翻译平台上的审校 …… 141
- 3.5.2 SDL Trados Studio 的审校 …… 147

3.6 译前编辑 …… 150

第四章　译后编辑

4.1 译后编辑基础知识 …… 152

4.2 译后编辑策略 …… 152
- 4.2.1 常见的机器翻译错误类型 …… 153
- 4.2.2 译后编辑策略 …… 154

第五章　字幕翻译项目实践

5.1 字幕翻译基础 …… 156
- 5.1.1 字幕翻译的定义 …… 156
- 5.1.2 字幕翻译的特点 …… 156
- 5.1.3 字幕翻译的一般原则 …… 158
- 5.1.4 字幕翻译的工具及流程 …… 159

5.2 字幕翻译项目实训 ·· 159
5.2.1 项目简介 ·· 159
5.2.2 工具介绍 ·· 159
5.2.3 译前处理 ·· 161
5.2.4 译中实践 ·· 174
5.2.5 译后收尾 ·· 177
5.3 字幕翻译项目总结 ·· 192
5.3.1 译前阶段 ·· 193
5.3.2 译中阶段 ·· 193
5.3.3 译后阶段 ·· 194
5.3.4 项目的思政育人目标达成效果 ·· 194

参考文献 ·· 195

第一章

人工智能时代译员的技术素养

1.1 人工智能时代的翻译技术特性

人工智能（artificial intelligence，AI）是研究用计算机模拟人类智力活动的理论和技术。它旨在使计算机系统能够执行需要人类智能才能完成的任务，比如理解自然语言、学习、推理、计划和解决问题等。

AI的概念最早于20世纪50年代提出。1956年，美国达特茅斯学院召开了一次暑期研讨会。这次研讨会被认为是人工智能领域的起源。在这次会议上，他们讨论了一种新兴的领域，旨在让机器具有模拟人类智能的能力。从那时起，人工智能逐渐成为一个独立的研究领域，吸引了数学家、计算机科学家、哲学家和认知科学家等跨学科的学者关注。

尽管人工智能的概念早在20世纪50年代就被提出，但在实际应用和技术发展方面，AI经历了多个阶段和突破，尤其是近年来随着计算能力、数据量和算法的不断进步，人工智能技术取得了显著的发展。AI的应用范围也不断扩大，涵盖了自然语言处理、机器学习、计算机视觉、自动驾驶、医疗诊断等众多领域。ChatGPT的悄然兴起，引领了人工智能技术的新一轮热潮。

人工智能的发展历史可以大致分为以下7个阶段。

诞生（1940—1950年）：1950年，"人工智能之父"阿兰·图灵提出定义，如果一台机器能够与人类展开对话（通过电传设备）而不被辨别出机器身份，那么称这台机器具有智能。这就是图灵测试的定义。1956年夏天，美国达特茅斯学院举行了历史上第一次人工智能研讨会，被认为是人工智能诞生的标志。

黄金时代（1950—1970年）：这一阶段主要集中在符号逻辑和推理系统上，尝试用规则和逻辑方法来模拟人类的思维。具体而言，一些具有代表性的机器人诞生了。例如，首台移动机器人Shakey诞生；世界上第一台聊天机器人Eliza能通过脚本理解简单的自然语言，并能进行类似于人类的互动。

低谷时期（1980年）：这个阶段人工智能的发展遭遇瓶颈。体现在计算机的处理速度不足以解决实际的人工智能问题。由于缺乏进展，一些国家对无方向的人工智能研究停止了资助。人工智能技术的发展首次跌入低谷。

繁荣时期（1980—1987年）：1981年，日本率先再次投入专项经费研发人工智能计算机，也就是第五代计算机，英国、美国纷纷响应。除了研究计算机，美国还启用了Cyc（大百科全书）项目，目标是将海量知识编码成机器可用的形式，实质是一个知识库，后来映射到维基百科的文章上。

人工智能的冬天（1987—1990年）：这个阶段出现了专家系统。该系统利用专家知识库和推理引擎来解决问题。但很快人们发现专家系统的实用性仅仅局限于某些特定情景。因此人们对人工智能的研究转为失望。

稳步发展阶段（1990—2013年）：1997年，电脑深蓝战胜国际象棋世界冠军；2011年，使用自然语言回答问题的人工智能程序问世；2013年，深度学习的兴起推动了神经网络在人工智能中的应用。

爆发阶段（2020年至今）：这是指基于大规模数据训练的复杂深度学习模型（简称大模型），如GPT（generative pre-trained transformer）系列等。大模型在语言智能领域发挥着巨大作用，能够对语言进行建模，能够生成自然文本，并在各种自然语言处理（natural language processing）任务中取得惊人成绩。

人工智能技术是引领新一轮科技革命和产业变革的重要驱动力。大力发展人工智能技术，对全面建成社会主义现代化强国、全面推进中华民族伟大复兴的奋斗目标具有重要意义。为了实现人工智能的高质量发展，国家建立了完善的人工智能发展政策支持体系。例如，2017—2020年，国务院发布了《新一代人工智能发展规划》，中央全面深化改革委员会审议通过了《关于促进人工智能和实体经济深度融合的指导意见》，工业和信息化部发布了《促进新一代人工智能产业发展三年行动计划（2018—2020年）》，教育部、国家发展改革委、财政部发布了《关于"双一流"建设高校促进学科融合 加快人工智能领域研究生培养的若干意见》，为促进我国人工智能理论研究、科技转化应用、人才培养方向等提供了支撑条件。2022年，科技部、教育部、工业和信息化部等六部门出台的《关于加快场景创新以人工智能高水平应用促进经济高质量发展的指导意见》，围绕人工智能创新成果的转化应用，旨在打造人工智能重大场景，深入推进人工智能技术在医疗健康、智能交通、智慧城市、工业制造等领域的应用和发展。这些政策为推动我国人工智能的高质量应用提供了指引方向。

正是因为国家层面的政策支持，我国人工智能产业也得到了快速发展。据艾瑞咨询统计，2023年中国人工智能产业规模已达到2137亿元。2024年4月，工业和信息化部新闻发言人表示，我国人工智能企业数量已超过4500家。不管是产业规模还是企业数量，中国人工智能技术在医疗、教育、金融、制造等领域的应用已经居于全球领先水平。在大模型开源开放评测体系司南（OpenCompass 2.0）的测评结果中，国内新的大模型，如智谱清言GLM-4、阿里巴巴Qwen-Max、百度文心一言4.0等在中文评测中表现优秀。在2023世界人工智能大会产业发展论坛上，中国科学技术信息研究所研制的《2022全球人工智能创新指数报告》中显示，中国人工智能技术连续保持世界第二，在人才、教育、专利产出等方面均有进步。

语言智能、机器翻译和大模型都是人工智能的一部分，涉及使用计算机技术模拟和实现人类智能的各种形式。它们致力于让计算机能够模仿人类智能，包括语言理解、推理、学习和交流等方面。

翻译技术的发展与信息技术、人工智能技术的发展息息相关。如翻译技术中的机器翻译技术，在人工智能技术发展的各个阶段也都有各自的发展节点，主要涉及以下几个重要阶段。

机器翻译概念的提出：1933年，法国科学家G.B.阿尔楚尼提出了用机器来进行翻译的想法。随着世界上第一台电子计算机的诞生，美国科学家沃伦·韦弗于1947年提出了利用计算机进行语言自动翻译的想法。1949年，沃伦·韦弗发表《翻译备忘录》，正式提出机器翻译的思想。

开创期（1949—1964年）：1954年，美国乔治敦大学在IBM-701计算机上首次完成英俄机器翻译试验，第一次将排除了歧义性的60个俄语句子翻译成了英语。在这个阶段，各个国家由于军事需要都投入大量资金用于研究机器翻译，机器翻译技术在这一时期出现热潮。

受挫期（1964—1975年）：1964年，美国科学院成立了专门的组织：语言自动处理咨询委员会（Automatic Language Processing Advisory Committee）研究机器翻译的可行性，经过2年的研究，该组织公布了一份报告：《语言与机器》（简称《ALPAC报告》）。这份报告全面否定了机器翻译的可行性。自此之后，政府对各类机器翻译项目的投资锐减，机器翻译研究进入萧条期。

复苏期（1975—1989年）：随着计算机技术和语言学的发展，机器翻译技术开始复苏。1976年，加拿大蒙特利尔大学与加拿大联邦政府翻译局联合开发的TAUM-METEO系统投入使用后，每天可以翻译1500～2000篇天气预报的资料，这是机器翻译技术发展史上的里程碑，标志着机器翻译由复苏走向繁荣。

发展期（1993—2006年）：1993年，IBM的研究人员提出基于词对齐的翻译模型，标志着现代统计机器翻译方法的诞生。2003年，机器翻译领域发表的 Statistical phrase-based translation 和 Minimum error rate training in statistical machine translation 2篇文章标志着统计机器翻译的真正崛起。

繁荣期（2006年至今）：2006年，谷歌翻译免费服务正式发布，带来统计机器翻译研究热潮。2013年，新型端到端的编码器-解码器架构被提出，使用卷积神经网络（CNN）将给定的源文本编码为连续向量，然后以循环神经网络（RNN）为解码器将状态向量转换为目标语言，神经机器翻译（NMT）时代开启。

我国早在新中国成立后不久就把机器翻译研发列入科学技术发展范畴，一大批语言工作者积极参与到机器翻译的研发过程中。1959年，中国机器翻译事业的开创者刘倬先生与中国科学院语言研究所的刘涌泉先生等学者合作，成功地开展了俄汉机器翻译系统的实验。这也是世界上第一个以汉语为翻译目标语言的跨语系的机器翻译系统，成功地翻译了9个不同类型的繁杂句子。随后，中国机器翻译迅速发展，并很快处于国际研究前沿。20世纪80年代以后，我国机器翻译迎来了高速发展阶段。1988年，中国软件技术公司推出"译星Ⅰ号"，标志着我国机器翻译系统正式走向市场，并开始走向海外。进入21世纪后，金山词霸、有道翻译、百度翻译等一系列基于机器翻译的手机翻译应用程序进入市场，满足了普通大众对翻译的需求。随着新技术的发展，机器翻译在跨语言理解和生成能力提升、智能交互灵活性等方面取得了新突破，以机器翻译为代表的翻译技术在国际传播能力建设，以及国家翻译能力建设中显得越发重要，在许多应用场景中表现出强大能力和发展潜力。

大模型的发展推动了语言智能的进步，提高了机器翻译的质量和效率。同时，机器翻译的需求也促进了大模型和语言智能技术的不断优化和发展。在整个人工智能领域中，语言智能和机器翻译是重要的应用领域之一，大模型的引入和不断优化为这些领域的发展提供了强大支持。

在各个阶段，人工智能的发展对译者的影响主要体现在翻译工具和技术的改进上。从专家系统到统计翻译，再到如今的神经网络和深度学习，这些技术的进步使得翻译工具更为智能和精确。译者可以利用这些工具来提高翻译的速度、准确率和效率，同时也需要不断学习和适应新技术，充分发挥人工智能在翻译领域的优势。

教育兴则国家兴，教育强则国家强。为了更好地推进"教育强国"行动，翻译专业教师在明确"为谁培养人"和"培养什么人"答案的同时，"怎样培养人"的观念与行动也必须与时俱进。尤其是在思考、研究、设计和实施"怎么培养人"的时候，必须与人工智能同行，在努力提升自己的数字化素养的同时，在教学科研工作中，科学地发现问题，打破文科与工科的学科边界，为培养家国情怀浓厚、国际视野广阔、科文融合突出的复合型翻译精英人才贡献自己的智慧。

1.2 译者能力模型

2000年，德国翻译理论学者弗雷泽（Janet Fraser）提出职业翻译者的翻译能力包含优异的语言技能、语篇技能、跨文化技能、非语言技能、态度技能、翻译理论的运用技能。其中，非语言技能包含研究技能、术语技能、信息技术技能、项目管理技能。

2003年，瑞典学者杰弗里·萨穆埃尔松·布朗提出翻译能力可以概括为文化理解力、交际能力、语言能力、信息技术能力、策略选择能力、项目管理能力。其中，信息技术能力包含硬件与软件的应用能力、电子文档管理能力、电子商务从业能力。同年，西班牙翻译能力研究小组PACTE（process in the acquisition of translation competence and evaluation）Group概括出翻译能力模式为双语能力、语言外能力、策略能力、工具能力、翻译专业知识能力和心理-生理因素（图1-1），并在2005年提出PACTE翻译能力模型。

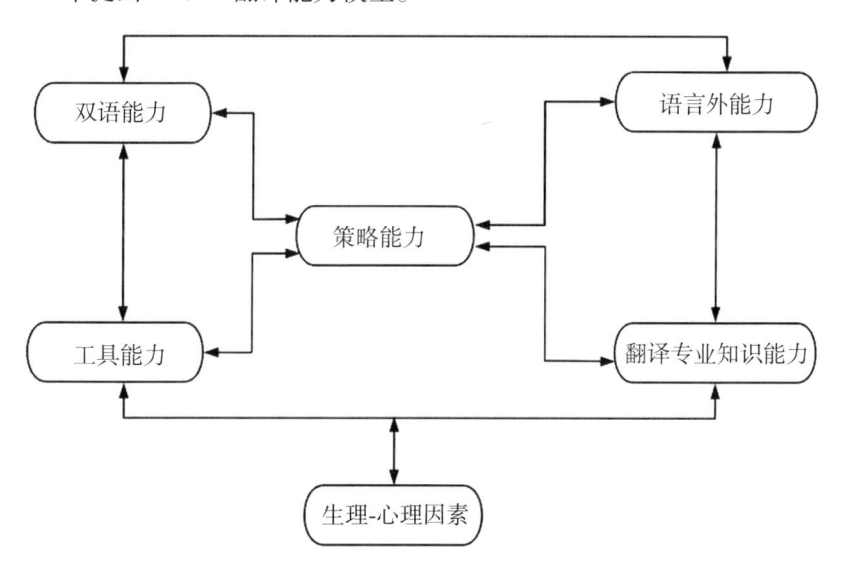

图1-1 翻译能力习得过程与评估模型

2011年，奥地利翻译家格普费里奇提出翻译能力模型可以概括为领域能力、多语/双语的交流能力、工具和研究能力、翻译路径激活能力、心理和生理能力、策略能力。其中，工具和研究能力可以分为术语库、平行文本、搜索引擎、术语管理系统、翻译管理系统、机器翻译系统等。

随着全球化的发展和国际交流的加强，翻译作为一种桥梁，扮演着连接不同文化、不同语言的角色。因此，翻译能力模型的构建对提高翻译质量、培养翻译人才具有重要意义。

我国于2006年开设翻译专业学位教育，同年招收翻译专业本科生，学者研究译员能力的时间相对较晚。近年来，翻译能力研究成为热点研究问题。到现阶段，由于翻译技术和翻译行业的发展，信息获取能力、沟通能力、团结合作能力、心理-生理因素也被纳入翻译能力研究的构成因素。

在我国翻译学者的研究中，翻译能力模型主要包含了语言能力、文化知识、翻译技巧和策略等要素。2016年，王华树、王少爽提出，翻译能力由CAT工具操作能力、术语管理能力、信息检索能力、计算机应用能力、语言和文化素养组成。语言能力是翻译工作的基础，包括对源语言和目标语言的熟练掌握和运用。文化知识则是翻译工作中不可或缺的一部分，它要求译者拥有丰富的跨文化知识，能够准确理解和传达原文的文化内涵。在中华文化"走出去"的背景下，翻译专业学生不仅需要深入理解目标语（如英语）的语言和文化，更需把握好母语汉语和中国传统文化。只有这样，学生才能在了解世界的同时，更好地向世界介绍和传播中国文化。

除了语言和文化知识，翻译技巧和策略也是翻译能力模型中的重要组成部分。译者需要掌握各种翻译技巧，如直译、意译、转译等，以应对不同类型的文本和翻译需求。同时，译者还需要具备灵活的策略思维，能够在翻译过程中根据实际情况进行调整和创新。

此外，翻译工作不仅要求译者具备专业的知识和技能，而且需要他们具备高度的责任感和职业道德。译者应该尊重原文和作者，忠实于原文的意思和风格，同时也要考虑到读者的需求和接受程度。因此，翻译伦理和职业道德的重要性不言而喻。

从翻译产业界来说，2023年中国翻译及语言服务行业发展报告显示（图1-2），"从翻译及语言服务需求方的角度来看，有91.3%的受访者认同翻译技术的使用能够提高翻译质量，九成受访者认同翻译技术的使用能够降低翻译成本（94.7%）及提高效率（95%）"。

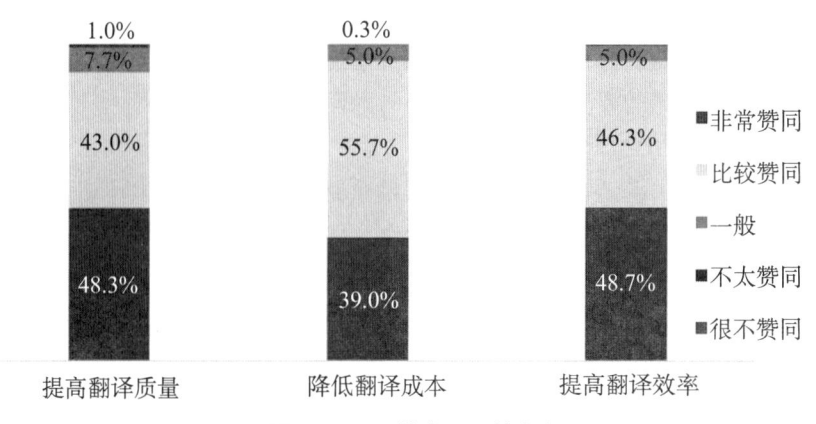

图 1-2　翻译技术运用赞成度

（数据来源：零点有数，2022年中国翻译及语言服务行业发展调研）

总体来说，翻译技术能力不仅能提高翻译质量和效率，还能帮助译员适应不断变化的翻译需求和技术发展。在当今数字化时代，译者只有通过掌握和应用翻译技术，才能够更好地满足语言服务行业的需求，并在竞争激烈的翻译行业中脱颖而出。

1.3　翻译专业学生应具备的技术素养

1.3.1　翻译技术能力的重要性

翻译技术能力对译者至关重要，特别是在当今数字化和人工智能技术发展的环境下。具体而言，翻译技术能力对译者的重要性主要体现在以下5个方面。

1. 提高工作效率

翻译技术能力可以提高译者的工作效率。熟练使用翻译工具、CAT（computer-aided translation）工具和其他相关软件能够加快翻译速度，提高生产力。

2. 提高翻译的准确性和一致性

技术能力可以帮助译者准确捕捉和理解源文本的含义，并更精准地传达到目标语言。翻译工具可以提供术语一致性和记忆库等功能，有助于提高翻译的准确性和一致性。

3. 适应多样化需求

不同领域和行业的翻译需求各不相同。掌握各种翻译工具和技术能够使译者更好地适应不同领域的要求，提供更专业的翻译服务。

4. 跨语言协作和全球化需求

在全球化时代，跨语言沟通变得越来越重要。翻译技术能力使得译者能够更有效地与不同语言和文化背景的人交流合作，促进跨境业务和国际合作。

5. 跟上技术发展

技术在不断进步，翻译工具和软件也在不断更新和发展。掌握翻译技术能力意味着译者可以跟上技术的步伐，保持竞争力并适应行业变化。

翻译技术的内容包含哪些呢？一般认为，翻译技术涵盖译者、编辑人员、审校人员、翻译项目经理、术语专家等用于辅助翻译、修订、校对工作中所用到的技术，主要涉及的翻译技术类型见表1-1所列。

表1-1　翻译技术类型

序号	名称
1	翻译记忆工具（translation memory tools）
2	术语管理工具（terminology management tools）
3	机器翻译平台（machine translation platforms）
4	翻译项目管理系统（translation project management systems）
5	译后编辑工具（post-editing tools）
6	本地化项目管理（localization project management）
7	移动应用本地化系统（app localization systems）
8	质量保证工具（quality assurance tools）
9	桌面排版（desktop publishing）
10	全球化管理系统（globalization management systems）

1.3.2　应对策略

党的二十大报告首次将"推进教育数字化"写入报告，强调"建设全民终身学习的学习型社会、学习型大学"。当代学子们正处于信息技术高速发展的新时代，面对科技大爆炸、信息大爆炸、知识大爆炸的时代特性，只有树立"终身学习"的意识，强化"终身学习"的内生动力，在学习和工作中增强本领，提高自身能力，才能成长为国家和社会发展需要、能够胜任国际交流工作的复合型人才。

就翻译专业学生而言，不仅需要提高自身的语言文化素养，还需提升翻译技术能力，在面对人工智能时代的技术冲击时，可以考虑采取以下应对策略。

1. 学习技术和工具

熟练掌握计算机辅助翻译（computer-aided translation，CAT）工具（如Trados、MemoQ等）以及其他相关软件（如Microsoft Office、Adobe Acrobat等）。了解人工智能和机器翻译的基本原理，包括深度学习、自然语言处理等，并学习如何有效地利用这些技术作为辅助工具提高翻译质量和效率。通过使用这些工具，学生可以更快速、准确地处理翻译任务，减少人工翻译的重复性劳动，提高翻译效率。

2. 培养多样化技能

除了语言技能（听、说、读、写），学生也应该扩展跨专业领域的知识。比如，对于工程领域的翻译项目，如果具备较强的专业知识，包括工程图学、机械设计、材料力学等方面的知识，能够加快对原文的理解；对于法律相关的翻译项目，了解法律专业的相关术语，熟知目的语国家的法律法规等，都能提高翻译效率。这些跨专业的知识和能力在翻译工作中同样至关重要。

3. 持续学习和自我提升

保持学习的状态，关注行业最新动态和技术发展。参加相关的课程（在线学习平台如中国大学慕课、学堂在线等提供的翻译技术类课程）、权威机构组织的翻译技术研讨会和培训，不断更新自己的知识和技能。通过持续学习，可以不断提高自己的竞争力，适应不断变化的市场需求。

4. 注重特长和差异化

发掘自己的特长和优势，并将其作为差异化竞争的优势。比如，如果在法律领域有专业知识或经验，或者在特定行业（如医疗、汽车）有深入的了解，那么在翻译相关领域的文本时就会具有很大的优势。此外，如果在使用某种特定工具或技术方面有熟练度，如熟练掌握Trados、MemoQ等CAT工具，也会在竞争中具备一定的竞争力。

5. 提高创造力和人文素养

人工智能难以完全替代人类创造性思维和文化背景的理解。培养创造力、审美感和文化敏感性，这些能力是机器无法完全取代的。在翻译过程中，需要理解源语言的语境、文化背景等信息，并在此基础上进行合理的表达。因此，具备较高的人文素养和创造力可以更好地应对复杂多变的翻译任务。

6. 拥抱变化和适应能力

翻译行业在技术变革中不断发展，要有适应变化的心态和灵活性，愿意接受新技术并找到适合自己的学习方式应对变化。随着人工智能技术的不断发展，未来的翻译工作可能会更加智能化和自动化。因此，学生需要具备适应变化的能力，学习新的技术和工具，并将它们应用到实际工作中。

人工智能的发展为翻译行业带来了新的机遇和挑战。翻译专业的同学们需要不断地更新自己的技能和知识，保持开放心态；同时，也要利用技术的优势提高自己的竞争力，更好地讲好中国故事，传播中国声音。

第二章

译前技术实践

2.1 资源准备

好的资源对项目开展具有非常重要的作用，尤其是高质量的语料资源。因此，资源搜索成为译前阶段的重要技术实践。从翻译项目启动开始，我们就可以着手准备语料资源，资源可以来自客户或者译者的本地资源，也可以来自网络上的文本、视音频等。资源获取的方式又可以分为手动获取和自动获取，技术手段的运用主要集中在自动获取语料的环节。

2.1.1 资源类型

2.1.1.1 网络资源

信息技术飞速发展的时代，网络资源对译员的重要性愈发显著。译员可以利用的网络资源体现在以下5个方面。

第一，网络资源可以给译员提供海量的知识和信息，尤其是跨学科的知识内容。译员可以在网络资源中获取各个领域的知识背景、参考文献、专业术语等内容，从而提高译员翻译的准确性和专业性。

第二，译员可以利用网络资源中的在线翻译工具和词典，通过快速查阅词语、短语和句子，避免错误的翻译和歧义，保证翻译的准确性。

第三，语料库、术语库资源为译员提供大量的参考文本。其中，单语语料库为译者提供真实语料出处，这对译员掌握语言知识非常有帮助；双语语料库资源不仅可以提供参考资料，还可以提供平行文本，在计算机辅助翻译阶段发挥重要作用。术语资源能够帮助译员确保术语的一致性和准确性。

第四，专业论坛或者网站可以为译员提供翻译技术和使用工具，这对于文科背景的同学尤其重要。如CATTI官方论坛、口译网、联译网、传译在线等，不仅可以获取项目发布的资讯，论坛的功能模块如资源分享、问题解答、技术交流等也可以为译员提供帮助。说明：网站和论坛的活跃度会随着时间的推移产生变化，也有些网站论坛需要注册方能使用。

第五，国内外慕课资源同样为译员提供了丰富的视频资源。从翻译理论到翻译技术实践，国内的中国大学MOOC（慕课）、学堂在线、智慧树等平台都上线了高校翻译教师的优质课程内容，译员可以自行选择感兴趣的课程进行知识扩充。此外，还有些公共视频平台，如哔哩哔哩也有翻译技术实践相关的视频资源。

2.1.1.2 本地资源

翻译过程中，译员除了利用网络资源以外，还可以利用本地资源。本地资源分为译者自身积累的资源和客户提供的资源。资源类型分为文本和软件工具两大类。文本主要是指译员所积累的语言资源，如参与过的翻译项目所产生的翻译记忆库、术语库等资源；软件工具主要是指计算机端的辅助翻译工具，如ABBYY Aligner帮助译员进行语料对齐，SDL MultiTerm帮助译员进行术语管理，SDL Trados Studio帮助译员进行项目翻译。合理运用这些工具，能提高译员的翻译效率。

2.1.2 资源选取策略

译员在选取资源时，通常需要考虑资源的可靠性和合法性。

2.1.2.1 可靠性

信息网络世界无所不有，如何在海量信息里找到可靠的资源，这对于译员来说是十分重要的。一般来说，大型语料库、政府机构网站可以提供质量高、权威性强的信息，如英语国家语料库（british national corpus，BNC）、美国当代英语语料库（corpus of contemporary American English，COCA）等资源库可以为译员提供语料信息；学术机构和研究机构官方网站可以提供可信赖的学术成果；国际机构网站，如联合国、世界卫生组织等国际组织可以提供全球问题的权威信息；知名新闻机构，如中央广播电视台、BBC、CNN等可以提供全球新闻的报道；学术数据库，如Web of Science、CNKI、百度学术、谷歌学术网站等提供了最前沿的学术研究成果；还有一些国际标准化组织（ISO）、欧洲国际化委员会（CEN）、美国国家标准学会（ANSI）等可以提供标准化的行业规范文件。尽管以上平台和资源都可视作可靠资源，译员在选取时，也需要保持警惕，必要时需要验证信息的准确性和完整性。此外，译员还需要结合翻译项目的背景知识，选择合适的可靠信息源。

2.1.2.2 合法性

译员在工作的所有阶段，都需要遵守相关法律和伦理准则，不能选择侵权或者不道德的资源。例如，利用网络搜索资源时，如果有用到爬虫技术爬取资料，就需遵守国家的信息系统安全法律法规。如果不确定爬取站点是否允许数据的爬取行为，则可以查看站点的指令robots.txt文件和使用条款。robots.txt文件一般存放于站点的根目录下，即在网站域名后面添加/robots.txt，然后在浏览器中访问即可。

如图2-1所示，第一行指令User-agent：该指令定义要应用规则的爬虫代理名称，*号表示任意爬虫。第二行和第三行指令Disallow：该指令用于指定不允许爬虫访问的URL路径，本例指不允许爬虫爬取private/和admin/路径的页面。最后一行指令Sitemap：该指令表明Sitemap文件的存放位置。Sitemap是一种包含网站页面信息的XML文件，帮助搜索引擎更好地了解网站结构。

```
User-agent: *
Disallow: /private/
Disallow: /admin/
Sitemap: https://www.example.com/sitemap.xml
```

图2-1　网站Robots协议

网站的使用条款和服务协议一般在站点主页的底部或者页面页脚的"Terms of Service""Terms and Conditions""使用条款"等链接。

尽管有些网页并没有明确规定是否允许爬取行为，运用爬虫技术时也需慎重。即使是网站所有者没有公开数据的意图，爬取行为也会影响网站性能。如果爬取的数据涉及版权问题，则最好与所有者取得授权，且获取的数据也不得用于传播和商用。

2.1.2.3 客户要求

如果译员为特定的机构工作时，需要考虑客户的具体要求，比如客户是否要求保密，是否有客户要求使用的资源等，根据具体的要求采取不同的策略。

2.1.3 资源采集

译员采集语料资源的方式一般分为两种：一种是人工采集，即到资源所在站点进行人工查询、复制、下载。另一种是依靠技术手段对语料数据进行自动化采集。自动化采集的方法有两种实现形式，一是使用语料采集工具，如八爪鱼采集器、火车采集器、后裔采集器等，这些采集器以免费版和付费版的形式为译员提供语料采集业务，通过设置采集规则进行语料采集工作；二是编写 Python 实现内容爬取、解析和保存。表 2-1 为语料自动采集的代表性技术工具。

表 2-1　语料自动采集的代表性技术工具

工具名称	官网地址	是否免费	特点总结
Octoparse 八爪鱼	https://www.octoparse.com/	是	通过简单的可视化操作实现网页数据的抓取和提取，提供自动化功能和定时任务
ParseHub	https://www.parsehub.com/	是	提供强大的可视化编辑器，支持网页数据的定制化提取，允许用户轻松创建和管理爬虫
Scrapy		是	面向对象的框架，提供更多的灵活性和可扩展性。支持并发请求和异步处理，适合处理大规模的爬取任务。需要有一定的 Python 基础

现将以八爪鱼采集器作为语料采集的技术实践、Python 实现语料采集的技术实践分别进行说明。

实践项目　基于八爪鱼采集器进行语料数据采集

【实践目的】

（1）了解八爪鱼采集器的工作原理。

（2）理解采集流程的执行逻辑。

（3）掌握语料数据的自动采集。

【实践内容】

（1）下载和安装八爪鱼采集器软件。

（2）使用模板采集数据的实践。

（3）掌握自定义任务模式下实现特定网页列表数据自动采集的配置方法。

【实践原理】

浏览器在打开网页时，本身不会记录动作行为路径。八爪鱼采集器则模拟浏览行为，记录数据的采集需求。实践者将人与浏览器的交互行为梳理成可重复执行的采集流程，并形成设计方案。八爪鱼采集器再根据设计好的采集流程进行全自动的数据采集工作，以达到语料自动收集的目的。

【实验环境】

个人计算机、网络。

实践操作步骤与注意事项如下。

1. 下载安装八爪鱼采集器

（1）打开八爪鱼采集器官网（https：//www.bazhuayu.com/），如图2-2所示，点击"免费下载"。

图2-2　八爪鱼官网首页

（2）根据计算机系统选择合适版本，官网提供Windows系统的x64和x32版本，也提供Mac版的客户端。本项目以Windows 10 x64位操作系统进行步骤说明。

（3）点击"立即下载"按钮（图2-3），完成下载。

图2-3　下载页面

（4）进入下载目录，找到客户端安装程序，程序名称为"Octopus Setup 8.6.2.exe"。

（5）双击程序，Windows系统弹出用户账户控制弹窗，单击"是"。

（6）设置程序安装路径（图2-4），默认目标文件夹空间足够的情况下，可以直接安装在默认路径。

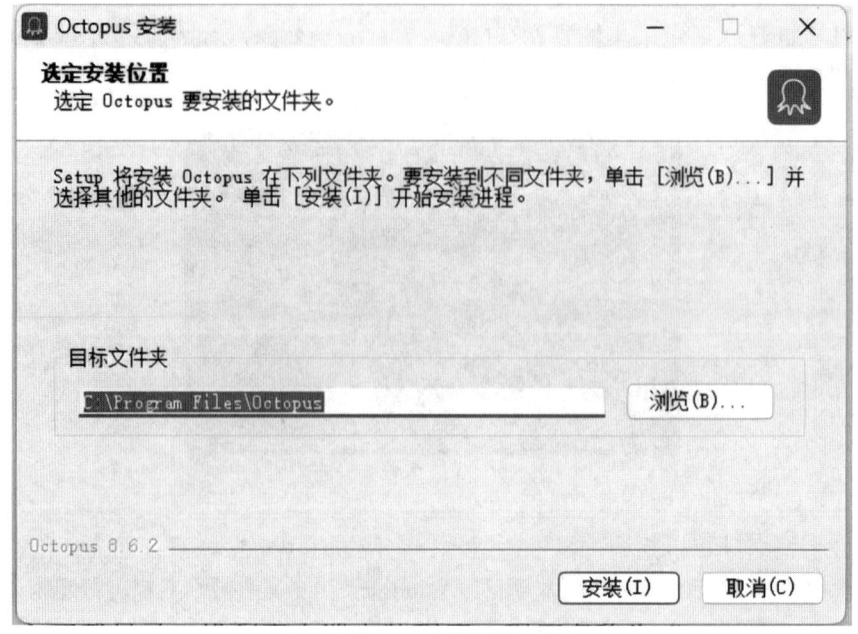

图2-4　安装目录

（7）等待程序安装完毕，进入八爪鱼官网进行账号注册，注册完毕后，即可开始数据采集工作。

2. 使用八爪鱼采集器对指定网页的论文数据进行中英双语摘要的语料采集

软件安装完毕后，页面自动进入内置的演示任务中，可以通过该任务熟悉软件界面的操作。以下的内容来自高校学报某期内容的论文中英双语摘要语料采集的一部分，采集流程如图2-5所示，现以图文方式进行步骤说明。

01 输入网址　02 设计流程　03 编辑字段　04 启动采集　05 导出数据

图2-5　采集流程

打开软件，进入默认界面，如图2-6所示。

图2-6 八爪鱼软件的界面

点击界面左侧栏的"新建"视图，进入任务设置窗口栏。输入待采集的网址http：//www.juestc.uestc.edu.cn/article/2023/1，点击"保存设置"（图2-7）。

图2-7 采集任务信息设置

进入页面自动识别界面（图2-8），软件会自动提取页面的元素。

图2-8　目标页面识别

内容识别完成度达100%后，网页上的列表数据均被识别出来。本项目所需的论文中英摘要内容需点击标题链接元素，进入下一级的页面方能看到。需设置采集标题元素数据，这里通过点击"没有要采集的数据？"来设置（图2-9）。

图2-9　采集界面

在操作提示框中选择"经典、量子及其混合场景下的经典关联生成协议"，鼠标操作选择"选中全部相似元素"（图2-10）。

第二章 译前技术实践

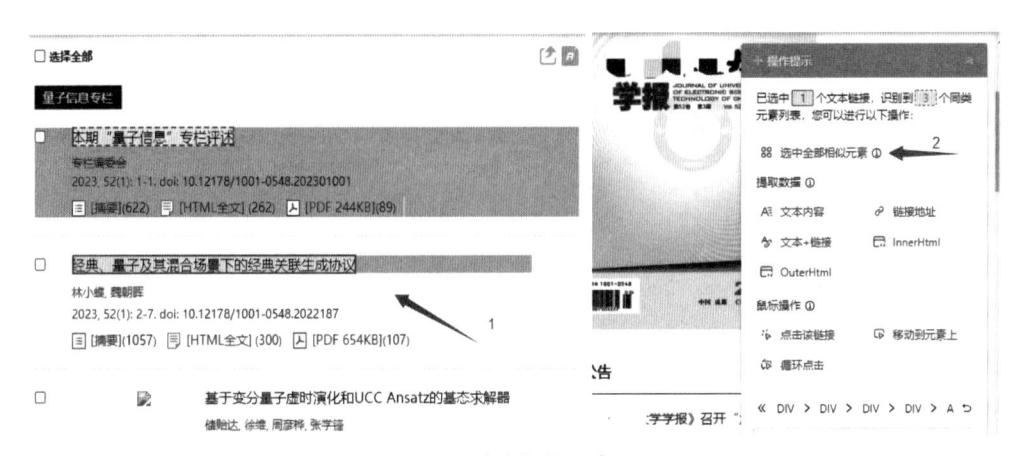

图2-10 选中相似元素

在操作提示框中选择"选中全部相似元素",鼠标操作选择"循环点击每个链接"(图2-11),进入链接的详情内容提取环节。目标内容识别如图2-12所示。

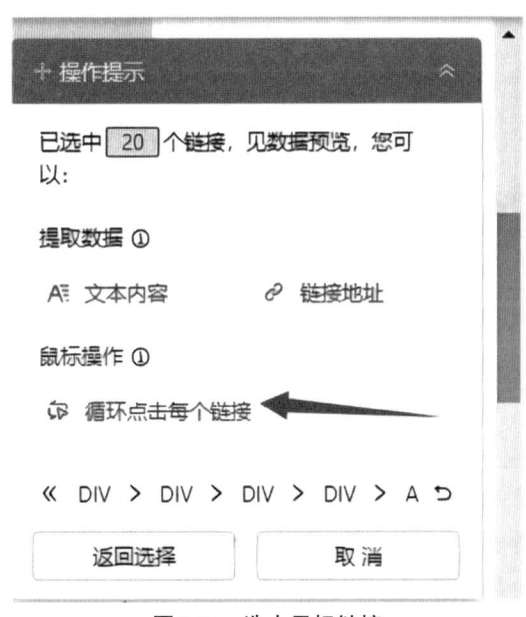

图2-11 选中目标链接

页面自动识别的列表数据并不是本项目所关注的摘要信息,点击"没有要采集的数据?"(图2-13),进入手动标识列表流程。

图2-12　目标内容识别

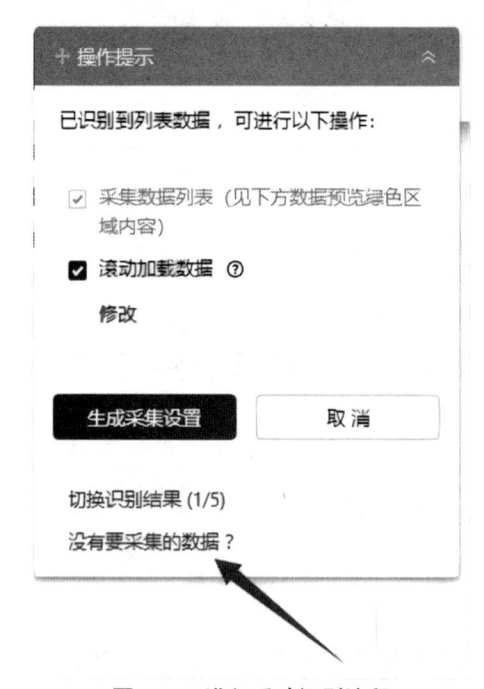

图2-13　进入手动识别流程

点击中英文摘要所在的区域，会出现操作提示框。因本项目采集的目标是文本数据，因此在提示界面选择"文本内容"（图2-14）。

图2-14　选择文本内容

同理，英文摘要内容也被标识成需提取的文本数据内容。软件界面右侧显示本次语料采集的设计流程图（图2-15），确认无误后，点击"采集"按钮。

图2-15　确认文本内容

在弹出的"请选择采集模式"列表框中的本地采集下选择"普通模式"，如图2-16所示。

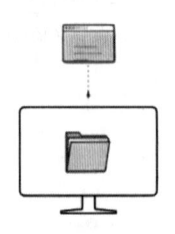

图 2-16　选择采集模式

选择导出数据（图 2-17），可选文件类型有 Excel、CSV、HTML、JSON（图 2-18），还可以将结果导出到数据库文件中。

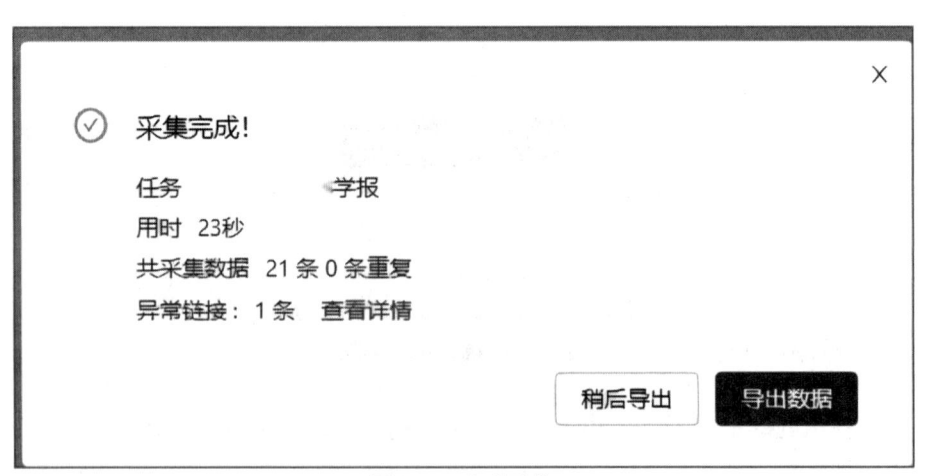

图 2-17　完成采集

图2-18　选择导出的文件格式

点击"确定"后，进入文件存放路径对话框即可。打开文件，就看到软件抓取的电子科技大学学报2023年第一期论文的中英文摘要语料（图2-19）。

图2-19　查看采集到的内容

【实践思考与拓展】

（1）如果需要保留每篇论文的详情网址、中英标题、中英关键词，该如何设计采集流程呢？

（2）如果需要爬取该期刊上所有发表的论文的中英文摘要，又该如何设计采集流程？

2.2　语 料 处 理

2.2.1　文件类型、特点

译者在进行翻译或者处理的过程中，可能会遇到各种文件类型的语料。常见的文件类型、特点见表2-2所列。

表2-2 文本处理中的文件类型

文件类型	后缀名	特点	使用场景
文本文件	.txt, .doc, .docx, .rtf	.txt为纯文本，易于处理和编辑。.rtf为富文本格式，基于纯文本，使用一些特殊的控制代码表示格式信息。.doc和.docx都是Microsoft Word的专有文件格式，无法使用纯文本编辑器直接编辑。.doc基于二进制，.docx基于XML	一般文本翻译、文章翻译、文档翻译等
PDF文件	.pdf	通常包含格式固定的文档，难以直接编辑和提取文本内容	合同翻译、技术手册翻译、报告翻译等
Excel文件	.csv, .xlsx	包含数据表格，常用于存储大量文本数据	数据翻译、电子表格翻译、数据整理等
PowerPoint文件	.ppt, .pptx	幻灯片演示文件，包含多媒体内容	幻灯片翻译、演示文稿翻译等
字幕文件	.srt, .ass	用于视频的字幕文件，包含时间码和文本内容	视频字幕翻译、电影字幕翻译等
软件本地化文件	.po, .pot, .strings	包含软件界面文本，用于软件本地化翻译	软件界面翻译、APP翻译、软件本地化等
视频/音频文件	.mp4, .mp3	可能包含需要翻译或转写的文本内容	视频/音频翻译、转写、口译等
TMX文件	.tmx	用于存储翻译记忆库的文件，包含源语言和目标语言之间的对应关系	记忆库管理、翻译工具交换等
TBX文件	.tbx	用于存储术语库的文件，包含术语和翻译的对应关系	术语管理、术语翻译等
XML文件	.xml	用于存储和传输数据的标记语言，常见于软件本地化和数据交换	软件本地化、网页翻译等
JSON文件	.json	常用于数据交换，存储结构化数据	数据处理、数据翻译等

2.2.1.1 文本类型文件

文本类型文件一般是指文件后缀名为.txt、.doc、.docx、.rtf的文件，是常见的文字处理文件格式，也是译员最常见的文件类型。它们之间有一些区别和联系：txt是最简单的文本文件格式，也叫纯文本文件，不含任何格式、图像、表格等其他特殊元素。它适用于各种场景，如代码编写、笔记保存、批处理数据等，由于没有格式限制，经常用于软件或者系统间的数据交换。.doc 文件是Microsoft Word早期版本（2003及以前）使用的文档格式，通常称为Word二进制文件。它包含了二进制数据，文件格式相对较旧，不如.docx格式高效和通用。由于其较旧的格式，可能在跨平台或不同版本的Word之间存在一些兼容性问题。.docx文件是Microsoft Word 2007及以后版本使用的文档格式，是一种基于XML的文件格式，通常称为Office Open XML（OOXML）。.docx格式的文件是用压缩的XML文件来存储的，因此文件相对较小。它具有更好的可扩展性和兼容性，适用于跨平台和不同版本的Microsoft Word。.rtf文件：Rich Text Format（RTF）是一种通用的文本格式，可以被许多文字处理软件读取和写入。.rtf文件可以包含格式化的文本、图像和其他对象，是一种较为通用的文件格式。虽然.rtf文件在一定程度上可以跨平台和跨软件使用，但相比.docx格式，它可能不支持一些高级的格式和功能。

2.2.1.2 PDF文件

PDF文件是非常常见的电子文档格式，通常用于保存格式固定的文件，如报告、手册、宣传册、合同等。PDF文件中的文本内容可能由于格式的限制而不容易被直接提取和编辑，需要使用特定的软件或库来处理和提取文本。通常的做法是通过软件的OCR（光学字符识别）技术将文件中的内容进行识别和提取，常见的此类软件有ABBYY FineReader、Adobe Acrobat、福昕阅读器等。

2.2.1.3 Excel文件

Excel文件是Microsoft Excel所产生的文件。CSV是 comma-separated values的缩写，表示逗号分隔值。CSV是一种常见的文本文件格式，用于存储和交换简单的表格数据。在CSV文件中，每一行表示一条记录，每个字段（列）之间用逗号或其他特定字符分隔。CSV文件通常用于存储和传输结构简单的数据表格，如Excel中的表格数据。它不包含格式或特殊元素，只是简单的文本文件，因此易于处理和编辑。由于CSV文件格式简单，它在数据导入导出、数据交换、数据分析等方面被广泛应用。CSV与Excel文件可以通过Microsoft Excel进行转化。

2.2.1.4　PowerPoint 文件

PowerPoint 文件也是由 Microsoft 的 PowerPoint 所产生的文件，可以包含文本、图像、图标、动画和多媒体内容。后缀名为.ppt 的文件是早期版本的 Microsoft PowerPoint 使用的二进制格式，可能存在兼容性问题。随着 Microsoft PowerPoint 的升级，.pptx 格式取代了.ppt 格式，成为更为常见和推荐的幻灯片文件格式。.pptx 格式采用了开放的 XML 格式，相较于.ppt 格式，它具有更好的可扩展性和兼容性，并支持更多的高级功能和特性。

2.2.1.5　.srt 和.ass 文件

.srt 和.ass 是两种常见的字幕文件格式，用于视频的字幕显示。在视频播放过程中，这些字幕文件用于显示文本，通常用于电影、电视剧、视频课程等场景。.srt使用纯文本格式，包含时间码和文本内容。.ass使用高级字幕格式，支持更多样式和效果，如字体、颜色、位置、动画等。

2.2.1.6　.po，.pot，.strings 文件

.po，.pot，.strings 等格式的文件是软件本地化（localization）中常见的文件格式，用于存储软件本地化相关的文本资源。.po 是 portable object 文件，使用简单的文本格式存储源语言和目标语言对应的翻译内容。.pot 是 portable object template 文件，是一个未翻译的 PO 文件，用于存储可重复使用的翻译模板。.po 和.pot 文件格式通常用于 GNU gettext 翻译系统，它们使用简单的键值对格式存储源语言和目标语言之间的对应关系。翻译人员可以使用.po 文件来进行软件本地化翻译，并在翻译完成后将其编译成.mo 文件，供软件应用使用。.pot 文件则用于存储可重复使用的翻译模板，以方便在多个项目中共享翻译。.strings 文件是 Mac OS X/iOS 系统中用于存储本地化字符串的文件格式，它将每个本地化字符串表示为键值对，其中，键是原文，值是翻译后的文本。这种文件格式适用于 Apple 平台，用于本地化 Mac 和 iOS 应用程序的界面文本。对于译者来说，翻译.po、.pot 和.strings 文件通常需要使用专门的翻译工具或编辑器，如 Poedit 和 Xcode 等。

2.2.1.7　.mp3 和.mp4 文件

.mp3 和.mp4 是两种常见的音视频文件格式，它们用于存储音频和视频内容。对于译者来说，.mp3 和 .mp4 文件通常不需要直接翻译。然而，译者可能会面对包含在视频或音频中的文字内容的翻译任务，如字幕翻译或音频内容翻译。

这些翻译内容通常需要根据视频或音频的内容和上下文进行翻译,以确保最终翻译的准确性和适宜性。

2.2.1.8　TMX文件

TMX是translation memory exchange的缩写,表示翻译记忆库交换格式。它是一种开放的标准格式,用于存储和交换翻译记忆数据,包含源语言和目标语言之间的对应关系。TMX文件的主要用途是存储翻译记忆数据,即已经翻译过的文本段对(通常是双语对照的句子或段落)。翻译记忆库是一种重要的工具,它可以存储先前翻译过的文本,以便在将来进行类似内容的翻译时重复使用,从而提高翻译的效率和一致性。对于译者而言,TMX文件通常是由计算机辅助翻译工具产生的,作为不同的CAT工具之间的中间格式,创建其对应的翻译记忆库格式。

2.2.1.9　TBX文件

TBX是termbase exchange的缩写,表示术语库交换格式。TBX是一种开放的标准格式,用于存储和交换术语库(terminology base)数据,包含术语不同语言之间的翻译对应关系。.tbx文件是术语库的一种常见交换格式,它可以用来存储各种领域的术语和术语的翻译,以便在翻译项目中进行一致性的术语使用,可以在不同的术语管理工具和翻译工具之间进行交换,使得术语库的数据能够在不同的翻译项目和翻译团队之间共享和重用。

2.2.1.10　XML文件

XML是extensible markup language的缩写,表示可扩展标记语言。它是一种用于存储和传输数据的文本文件格式,具有自我描述性和结构化性。XML文件使用标记来标识数据的元素和结构,可以用于存储和交换各种类型的数据。XML文件被广泛用于各种应用中,特别是在数据存储、数据传输和配置文件方面。它具有通用性和可扩展性,可以用于存储和传输不同类型的数据。许多应用程序和服务使用XML文件来配置和传递数据,包括网页应用、数据库系统、Web服务、API等。XML文件的结构由标签(element)组成,每个标签用来标识一个数据元素,包含开始标签和结束标签。标签可以嵌套,从而形成复杂的数据结构。标签中可以包含属性(attribute)和文本内容,用于提供更多的数据信息。译员在处理XML文件时可能会翻译其中的文本内容或标签。在翻译XML文件时,译员需要保留标签的结构和属性,还需要关注XML文件中的文本内容,确保翻译的准确性和一致性。

2.2.1.11 JSON 文件

JSON 是 javascript object notation 的缩写，表示 JavaScript 对象表示法。它是一种轻量级的数据交换格式，常用于存储和传输结构化的数据。JSON 格式的数据由键值对组成，使用大括号 {} 表示一个对象，每个键值对由键和值组成，用冒号：分隔。值可以是简单类型（如字符串、数字、布尔值等）或复杂类型（如嵌套的对象或数组）。数组由方括号 [] 表示，其中包含多个值。.tmx、.tbx、.xml 文件常见于使用计算机辅助翻译软件时所产生的过程文件；JSON 文件用于存储结构化的数据资料。对于译者来说，处理 JSON 文件可能涉及翻译其中的文本内容或键名（键），同时，译者在翻译此类文件时，需要保留其结构和格式，确保翻译的准确性和数据的完整性。通常，译者可以使用普通的文本编辑器或专门的 JSON 编辑器来处理和翻译 JSON 文件。

2.2.2 文档处理

为了提高翻译效率，缩短整体翻译时间，在与客户和团队充分沟通和协调的情况下，确保翻译一致性和准确性的前提条件下，翻译从业人员有可能会根据实际情况决定是否要对文档进行拆分、合并或者转换。

2.2.2.1 拆分

在哪些情况下，可能会对文档进行拆分操作呢？需进行拆分操作的情况可以分为以下几种。

1. 文档元素拆分

原始文档结构比较复杂，包含图标、附件、多媒体等。比如待译文档为 PowerPoint 文件时，内部插入了大量图片、表格、视频等元素，在时间紧迫的情况下，对此类文件的元素进行拆分处理，再予以分配，能够更好地管理翻译进度。前文中提到的 PPTX 格式采用了 Office Open XML 格式，本质上是 ZIP 压缩文件，将 PowerPoint 文件后缀名改为.zip 后，压缩包内的内容就会以多种文件和文件夹的形式呈现。这些文件或者文件夹主要用于存储 PowerPoint 文档的结构、内容、样式等信息，通过压缩文件管理器或者解压缩工具可以打开。每个.pptx 文件的后缀名改成.zip 后，基本上可以包含图 2-20 所示的文件。

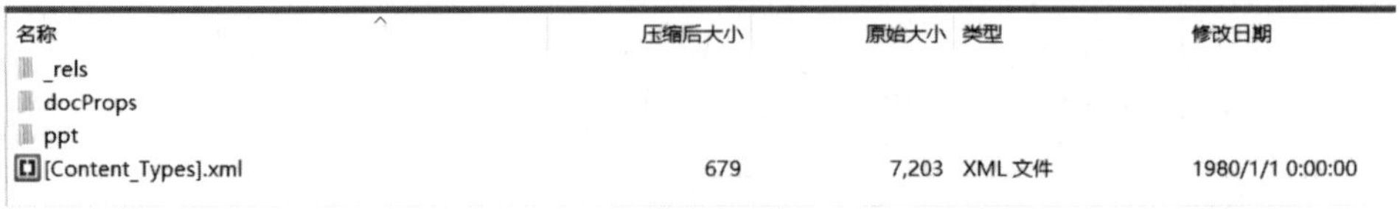

名称	压缩后大小	原始大小	类型	修改日期
_rels				
docProps				
ppt				
[Content_Types].xml	679	7,203	XML 文件	1980/1/1 0:00:00

图 2-20　ppt 压缩包内容页面

打开图 2-20 中的 ppt 文件夹，可以看到文档里的同属性内容均被存放于同一文件夹内，如图 2-21 所示。_rels 文件夹内的.rels 文件是一个文本文件，通常用 XML 格式描述关系，该文件主要用来记录和描述文档中不同部分之间的关系和链接，以确保文档可以被正确地解析和显示。charts 文件夹里包含了文档的表格内容。embeddings 文件里包含了插入的文件内容。media 文件夹包含了该文件中使用的媒体文件，如图片、音频或视频等。notesMasters 文件夹存储了幻灯片备注母版的信息。notesSlides 是存储幻灯片备注的文件夹。slideLayouts 包含了每张幻灯片布局的信息。slideMasters 文件夹包含了文件中每种幻灯片母版的信息。slides 文件夹包含了文件中每个幻灯片的内容，通常是以 XML 格式存储的。theme 文件夹是该文件的主题信息，定义了幻灯片的样式和布局。需要注意的是，ZIP 压缩内的文件夹列表跟.pptx 文件内容息息相关，并不是所有的.pptx 文件后缀名改成.zip 后都会有图中所有的文件夹，比如文件中没有任何图片、视频或者音频内容，media 文件夹就不会存在。

图2-21　ppt文件夹内的文件列表

2. 文件内容拆分

一些免费的翻译工具或者平台能够实现文档翻译，但是有可能会对上传的文件大小有限制，此种情况下可以对文档进行拆分处理。例如，PDF 文件拆分可以使用 PDF 编辑器，如 Adobe Acrobat，通过软件的拆分功能进行文档的拆分。

如果译者面向的文本对象是 Word 文件，其内容的拆分有哪些方法呢？一般情况下，采用复制所需的内容到新建文档中就可以实现。但面对上千页的文档内容，这种复制当前内容的方法就会有些低效。此时，可以使用 VBA（visual basic for applications）代码实现文档内容的拆分。VBA 是一种编程语言，微软在 Office 系列产品中集成了 VBScript 解释器，VBScript 就是 VBA。Office 产品中经常会看到宏（macro）这个概念，宏是一系列预定义的操作或脚本，用于完成重复性的任务。实际操作中，译者可以将一些 VBA 的语句放在一起，作为一个函数，语料处理时调用这个函数就可以实现重复性步骤。因此，宏是一种 VBA 命令的集合，在Microsoft Word、excel、ppt中都可以使用，用于设计一些自动化的任务。图2-22就是通过宏实现Word文档按照页数拆分的流程图。

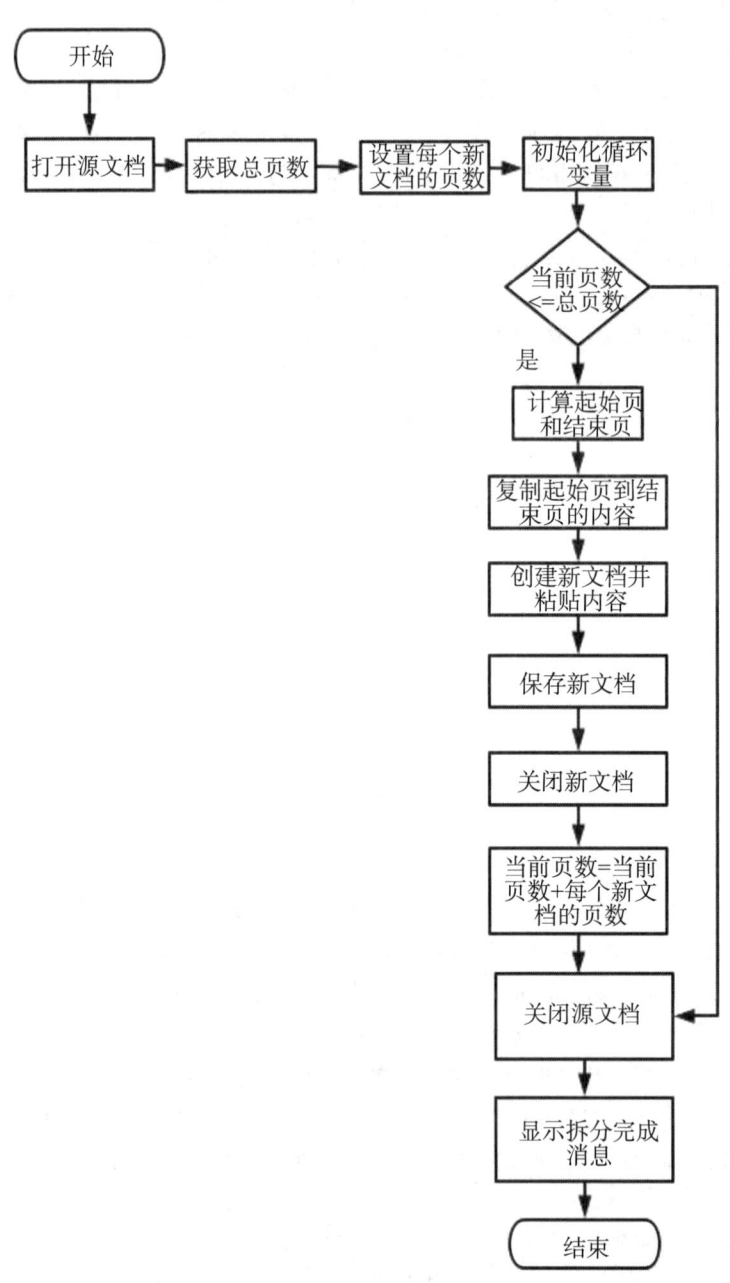

图2-22 拆分流程图

```vb
Sub 按页拆分文档()
    Application.ScreenUpdating = False
    Dim oSrcDoc As Document, oNewDoc As Document
    Dim strSrcName As String, strNewName As String
    Dim oRange As Range
    Dim nIndex As Integer, nSubIndex As Integer, nTotalPages As Integer, nBound As Integer
    Dim fso As Object
    Dim nSteps As String
    
    nSteps = InputBox("请输入您希望拆分的每份文档页数:")
    
    ' 合法性验证,确保输入的是数字且大于0
    Do While Not IsNumeric(nSteps) Or nSteps <= 0
        MsgBox "请输入大于0的数字!", vbExclamation, "输入错误"
        nSteps = InputBox("请输入您希望拆分的每份文档页数:")
    Loop
    
    On Error GoTo ExitSub '取消执行时退出程序
    
    Set fso = CreateObject("Scripting.FileSystemObject")
    Set oSrcDoc = ActiveDocument
    Set oRange = oSrcDoc.Content
    
    nTotalPages = ActiveDocument.Content.Information(wdNumberOfPagesInDocument)
    oRange.Collapse wdCollapseStart
    oRange.Select
    For nIndex = 1 To nTotalPages Step nSteps
        Set oNewDoc = Documents.Add
        If nIndex + nSteps > nTotalPages Then
            nBound = nTotalPages
        Else
            nBound = nIndex + nSteps - 1
        End If
```

```
        For nSubIndex = nIndex To nBound
            oSrcDoc.Activate
            oSrcDoc.Bookmarks("\page").Range.Copy
            oSrcDoc.Windows(1).Activate
            Application.Browser.Target = wdBrowsePage
            Application.Browser.Next

            oNewDoc.Activate
            oNewDoc.Windows(1).Selection.Paste
        Next nSubIndex
        strSrcName = oSrcDoc.FullName
        strNewName = fso.BuildPath(fso.GetParentFolderName(strSrcName), _
            fso.GetBaseName(strSrcName) & "_" & (nIndex \ nSteps + 1) & "." _
            & fso.GetExtensionName(strSrcName))
        oNewDoc.SaveAs strNewName
        oNewDoc.Close False
    Next nIndex

    Set oNewDoc = Nothing
    Set oRange = Nothing
    Set oSrcDoc = Nothing
    Set fso = Nothing

    MsgBox "拆分已完成.", vbInformation, "完成"
    Exit Sub

ExitSub：'取消拆分'
    MsgBox "您已取消拆分.", vbInformation, "取消"
End Sub
```

Sub 按页拆分文档()：是宏的开始部分，Sub 表示这是一个子过程（subroutine），"按页拆分文档"是宏的名称。

Application.ScreenUpdating = False：这行代码用于关闭屏幕更新，即在执行宏的过程中，不会显示屏幕上的更新。这样可以加快宏的执行速度，同时避免了在拆分文档过程中可能出现的闪烁问题。

Dim 语句：用于申明变量，是 Dimension 的缩写，用来定义变量的数据类型和名称。本例中，Dim oSrcDoc As Document 表示定义了一个名为 oSrcDoc 的变量，并且它的数据类型是 Document，表示一个 Word 文档对象。

nSteps = InputBox（"请输入您希望拆分的每份文档页数："）：这段代码实现的功能是弹出一个输入框，提示使用者输入希望拆分的文档页数，输入的值会存储在变量 nSteps 中。

Do While ... Loop：是循环结构，本例中用来进行合法性验证，确保用户输入的是合法的页数。Do While 表示在满足条件的情况下一直执行下去，直到不满足条件时跳出循环。在这里，通过 Not IsNumeric(nSteps) Or nSteps <= 0 判断用户输入是不是数字且大于 0，如果不满足则弹出错误提示框，并要求用户重新输入，直到用户输入合法为止。

On Error GoTo ExitSub 和 ExitSub：这是错误处理的部分。如果在代码执行的过程中发生了错误，则程序会跳转到标签 ExitSub 所在的位置。在这里，它用于处理用户在输入框中点击"取消"按钮的情况。如果用户点击取消，就会跳转到 ExitSub 所在的位置，显示一个提示框并结束宏的执行。

Set fso = CreateObject（"Scripting.FileSystemObject"）：创建一个文件系统对象，用于在代码中处理文件和文件夹。

Set oSrcDoc = ActiveDocument：将当前活动的 Word 文档赋值给变量 oSrcDoc，方便后续对文档的处理。

Set oRange = oSrcDoc.Content：将文档的内容范围赋值给变量 oRange，用于后续处理文档的内容。

nTotalPages = ActiveDocument.Content.Information（wdNumberOfPagesInDocument）：获取当前文档的总页数，并存储在变量 nTotalPages 中。

For nIndex = 1 To nTotalPages Step nSteps：是一个循环部分，用于按指定页数拆分文档。本例中使用了两个嵌套的"For"循环，外层循环按照指定页数步进，内层循环根据指定页数复制对应的页码内容，并粘贴到新的文档中。每一次循环都创建一个新的文档并进行相应的拷贝、粘贴和保存。

Set oNewDoc = Nothing，Set oRange = Nothing，Set oSrcDoc = Nothing，Set fso = Nothing：这些代码用于释放之前创建的对象的内存空间，避免资源泄露和浪费。

MsgBox 语句：这是一个消息框，用于显示文本消息。例如，MsgBox "拆分已完成"，vbInformation，"完成"会显示一个带有"完成"标题的消息框，内容是"拆分已完成"。类似地，MsgBox "您已取消拆分"，vbInformation，"取消"会显示一个带有"取消"标题的消息框，内容是"您已取消拆分"。

需要注意的是，拆分文档时需要先备份文档，且在拆分的时候要注意语义的完整性，避免不恰当的拆分造成理解错位的情况。

2.2.2.2 合并

对于常用的 PDF 文档,其合并方法可以采用 Adobe Acrobat 中的合并文件进行处理。Word 文件的自动合并则可以继续采取宏的方式进行自动化处理。以下宏代码是实现对同一文件夹下的所有 Word 文档合并为一个新的文档。合并流程图如图 2-23 所示。

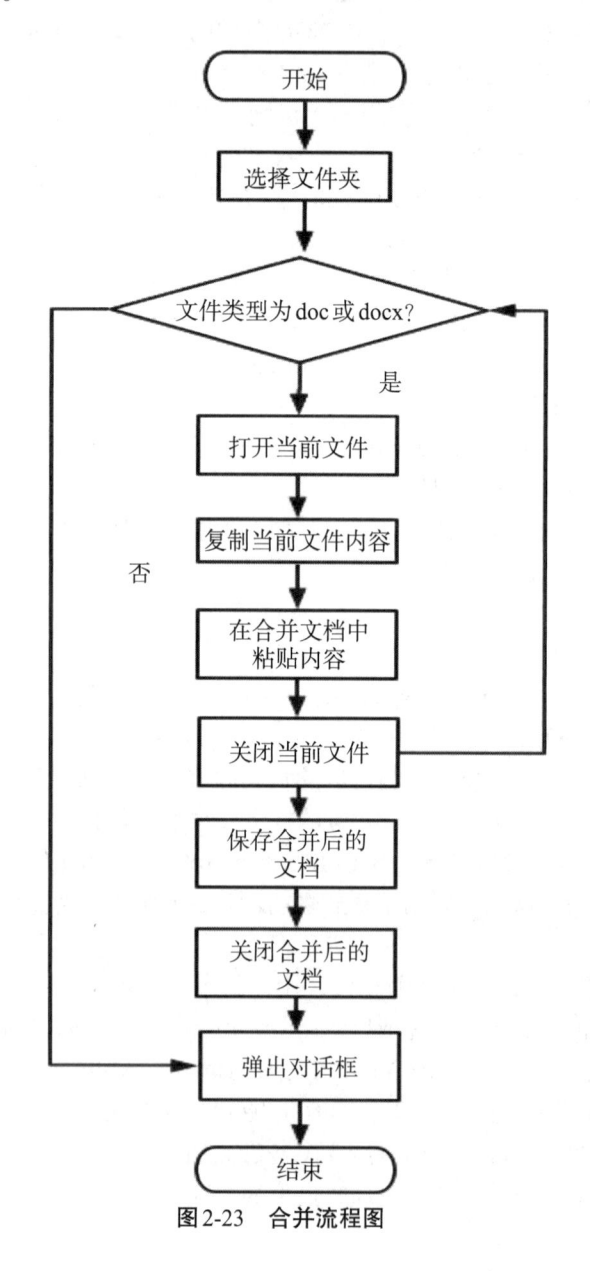

```
开始
  ↓
选择文件夹
  ↓
文件类型为 doc 或 docx?  ──否──┐
  ↓ 是                          │
打开当前文件                    │
  ↓                             │
复制当前文件内容                │
  ↓                             │
在合并文档中粘贴内容            │
  ↓                             │
关闭当前文件 ───────────────────┘
  ↓
保存合并后的文档
  ↓
关闭合并后的文档
  ↓
弹出对话框
  ↓
结束
```

图 2-23　合并流程图

代码：
```vba
Sub 合并多个文档()
    Dim strFolderPath As String
    Dim strFileName As String
    Dim docMerge As Document
    Dim docTemp As Document
    Dim rngDest As Range
    Dim fso As Object
    Dim file As Object

    ' 选择需要合并的文件夹
    With Application.FileDialog(msoFileDialogFolderPicker)
        .Title = "请选择要合并的文件夹"
        .Show
        If .SelectedItems.Count = 0 Then
            MsgBox "未选择任何文件夹!", vbExclamation, "提示"
            Exit Sub
        End If
        strFolderPath = .SelectedItems(1)
    End With

    Set fso = CreateObject("Scripting.FileSystemObject")
    Set docMerge = Documents.Add ' 创建一个新的文档用于合并

    ' 遍历文件夹下的所有文档并逐个合并
    For Each file In fso.GetFolder(strFolderPath).Files
        If Right(file.Name, 4) = ".doc" Or Right(file.Name, 5) = ".docx" Then ' 仅处理.doc和.docx文件
            strFileName = file.Path
            Set docTemp = Documents.Open(FileName：=strFileName, ReadOnly：=True)
            Set rngDest = docMerge.Range(docMerge.Content.End - 1)
            rngDest.FormattedText = docTemp.Range
```

```
        docTemp.Close SaveChanges：=False ' 关闭并不保存打开的文档
        Set rngDest = Nothing
        Set docTemp = Nothing
    End If
Next file


' 保存合并后的文档
    docMerge.SaveAs2 "C：\Path\To\Your\MergedDocument.docx" ' 替换为合并后文档的保存路径和名称
    docMerge.Close SaveChanges：=False
    Set docMerge = Nothing
    Set fso = Nothing


    MsgBox "文档合并完成!", vbInformation, "完成"
End Sub
```

2.2.2.3 转换

文档转换是指将一个文件格式转换为另一个文件格式的过程。不同的应用程序和系统支持不同的文件格式。但是有时候我们需要在不同的应用程序之间共享信息，在这种场景下就需要对文档进行格式转换。

文档格式转换的过程分为两个步骤。第一个步骤是解析源文档。解析过程是将原始文档的内容进行分析，识别文档中的结构、元数据、文本、图像等元素。不同的文件格式可能有不同的数据结构和标记方式。

第二个步骤是重新创建新文档。源文档被解析后，将这些内容重新创建为目标文件格式。该过程将重新构建新的数据结构和标记方式，有可能会重新生产文本、图像、样式和布局。

在文档转换的过程中一般需要定义格式转换的规则，这些规则涉及文本样式、字体、段落、表格、图像分辨率等方面的转换。

目前，市面上有很多的工具和库可以实现文档的转换。译员可以根据自身的具体需求和技术背景，选择合适的工具或库实现这一过程。由于不同文件格式之间的差异，在转换过程中会经常出现信息丢失或者不完全匹配的情况。为了确保转换结果相对准确，需要使用者进行适当调整和优化。

常用的转换工具有 Adobe Acrobat、ABBYY Finereader、WPS 等，内嵌有光

学字符识别功能（OCR）的软件都可以实现PDF文档到Word文档的转换。一些转换工具或者软件提供个性化的转换模式，如WPS把PDF转成Word的业务流程中，会提供不同的模式：布局优先、编辑优先。如果选择布局优先，则会完整保留图片布局，仅对文档中的文字内容进行转换识别；如果选择编辑优先，则会把文档内容中的图片一起转换，提取图片上的文字内容。

除了文字编辑工具以外，还有一些库可以实现文档转换，如Python的docx2pdf用于将Word文档转换为PDF，pywin32用于操作Microsoft Office文件。

2.2.3 文本处理

字符是一种符号，可以是字母、数字、标点符号、空格等，现实生活中，经常以文字的形式出现。计算机处理的对象是二进制0、1，现实生活中的文字与计算机处理的二进制信息间是如何联系起来的呢？这就要介绍一下计算机软件处理信息的基础——字符与编码。

字符通常以数字编码的方式表示，二进制数字0、1按照一定的规则排序，就形成了特定的编码。可以说字符编码是语言文字信息到计算机信息的一一对应关系。自第一种编码标准产生以来，计算机编码的方式大致经历了三个阶段：早期计算机系统时期、本地化时期、国际化时期（图2-24）。

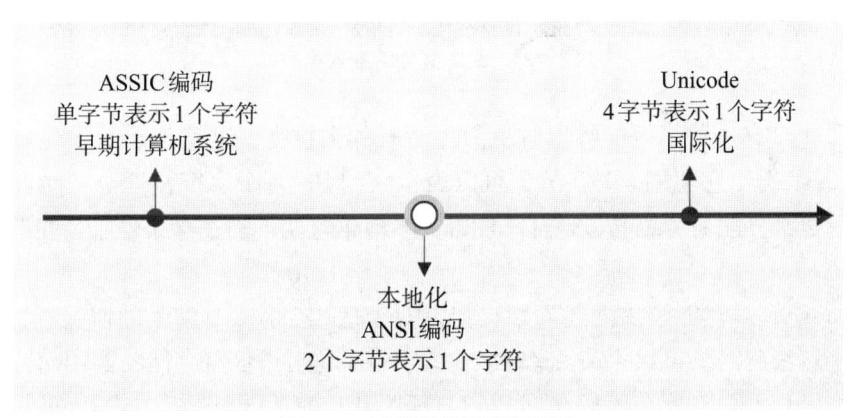

图2-24 计算机编码发展简史

计算机起源于美国，在计算机发展早期，只需要显示26个字母、数字、标点符号等基本字符，因此，最早以7位二进制数表示128个字符。这种编码称为ASCII码（american standard code for information interchange，美国信息交换标准代码），由于1个字节（byte）由8位（bit）组成，ASCII字符集的高位都是0，这套字符集适用于英语等少数语言。随着时间的推移，欧洲很多国家开始发展计算机产业。一些欧洲语言里含有一些特殊字符和符号，因此人们将最高位也列入编码序列，以满足扩展需求，也就是拓展ASCII编码。

后来，计算机发展到其他国家，以中文象形文字为代表的字符数量远超256个，ASCII扩展编码也无法满足要求，因此，双字节编码ANSI编码出现（图2-25），这也意味着字符编码进入本地化阶段。这套字符集可以满足2^{16}个，即65 536个字符。中文字符编码就是在这个时间段产生的。最早出现的是GB 2312，是我国的简体中文字符集编码，包含6763个汉字，与ASCII编码兼容。与此对应的有日本的JIS编码，韩国的EUC-KR编码。在字符编码本地化时期，由于各国文字编码的不同，文档在不同系统之间经常出现乱码现象，比如中文操作系统下，文档一般采用GB 2312编码。在不知道文档编码的情况下，如果使用其他语种操作系统打开该文件，就会出现乱码。

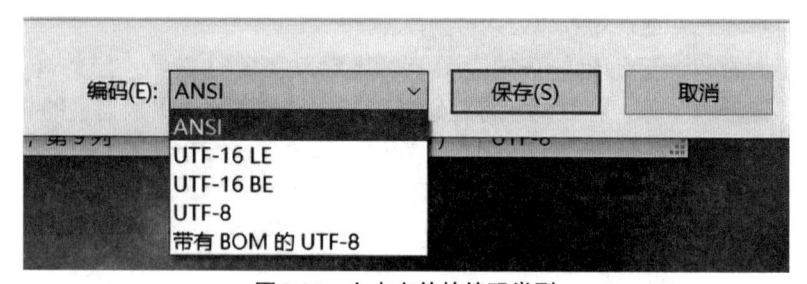

图2-25　文本文件的编码类型

那有没有一种编码能够容纳世界上所有的文字呢？这就到了国际化时期的Unicode编码，它使用4个字节，可以表示大约100万个字符，理论上能够为每一个字符都分配一个编码，这样就能解决本地化时期不同字符编码兼容性带来的问题。

Unicode虽然能解决上述问题，但是对于适用于ASCII编码的情况下，Unicode字符编码需要4个字节存储单字节的字符，这对于信息存储与调用而言都极为浪费。因此，变字节编码UTF-8、UTF-16和UTF-32出现了。UTF-8是一种变长的字符编码方式，使用1~4个字节表示不同的Unicode字符。它保持了ASCII的兼容性，英文字符使用1个字节表示，而非英文字符使用多个字节。UTF-16使用2或4个字节表示字符，适用于大多数常用字符，但对于一些罕见字符则需要4个字节。UTF-32则始终使用4个字节表示字符，不受变长编码的限制。

了解了以上字符和编码的知识之后，可以发现文件出现乱码的原因可能有：字符编码匹配，导致字符无法正确解码和显示。解决方案的关键在于了解文件的实际编码，在支持多种字符编码的文本编辑器、浏览器等工具中进行设置和调整。随着技术的发展，现代操作系统和应用程序能够更全面地处理文本编码，并根据需要进行正确的解码，从而避免了许多乱码问题。此外，一些文本编辑器和浏览器等软件也变得更加智能化，能够自动适应不同的编码，从而正确地显示文本内容。

如果一个 ANSI 编码的记事本文件被 Microsoft Word 打开，就会出现如图 2-26 所示的提示框。选择编码文件时，会出现如图 2-27 所示的提示，预览框能够看到正常的字符内容即可。如果选择其他语言的编码，则会显示对应语种下的字符。

图 2-26　Word 可转换的文件类型

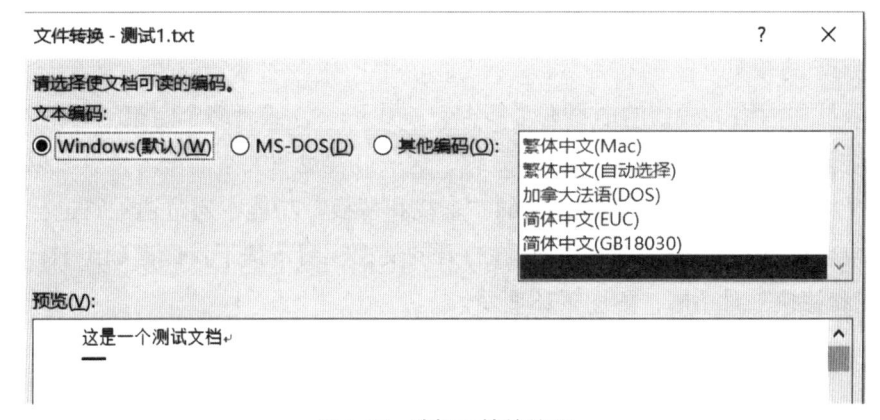

图 2-27　选择文档的编码

2.2.3.1 通配符

通配符（wildcard character）是计算机科学中用于匹配文件名、字符串或其他数据的特殊字符。它的历史可以追溯到计算机科学的早期操作系统，如Unix和MS-DOS。最初通配符只有"*"和"?"，星号"*"解释为任意字符序列，"?"解释为单个字符。随着时间的推移，不同的操作系统引入了更多的通配符，如"[]"表示字符集合，"{}"用于列表扩展等。在文本内容处理过程中，通配符的使用场景包括以下几种。

文件搜索与管理：例如，*.txt可以匹配所有以".txt"结尾的文件名。file?.txt可以匹配类似"file1.txt""fileA.txt"的文件名。

编程和脚本：在编程和脚本中，通配符可以用于批量处理文件、字符串等。例如，在Python中，glob模块允许使用通配符来获取匹配特定模式的文件列表。

文件搜索工具：一些文件搜索工具支持通配符进行搜索。如在Everything软件中使用文件搜索名进行图片搜索时，图片的命名方式为"image001.jpg""image002.jpg"等。搜索"image*.jpg"可以匹配到"image001.jpg""image321.jpg""image1001.jpg"等所有此类文件。此类场景也可以扩展到文件内容的搜索。

语料库检索：如在BNC语料库中检索框分别输入un*ly和r?n*，前者可以检索到unlikely、unfortunately、undoubtedly、unusually、unexpectedly、universally等所有以un开头且ly结尾的所有单词；后者可以检索到run、range、running、ran、ring等以r开头且和n之间只有1个字符、字母n后面可以有任意个字母的单词。

译员在网络上找到的语料有可能存在格式不一，或者多个空格空行等问题，这时候就会对文本内容进行下一步处理，这一过程也叫文本清洗。译员可以在常用的文字编辑软件Microsoft Word的"查找和替换"功能中通过通配符进行高级查找或者替换。实际操作时，译员在打开的文档视窗下按下快捷键Ctrl+H，调出"查找和替换"对话框，如图2-28所示。

图2-28 Word查找/替换对话框

图2-28勾选使用通配符和清除使用通配符时表达式有所不同，具体请参见表2-3所列的Word查找栏常用通配符一览表。

表2-3 Word查找栏常用通配符一览表（部分）

序号	清除使用通配符复选框		勾选使用通配符复选框	
	特殊字符	代码	特殊字符	代码或通配符
1	任意单个字符	^?	任意单个字符	?
2	任意数字	^#	任意数字（单个）	[0-9]
3	任意英文字母	^$	任意英文字母	[a-zA-Z]
4	段落标记	^p	段落标记	^13
5	手动换行符	^l	手动换行符	^l or ^11
6	图形	^g or ^1	图形	^g
7	制表符	^t	制表符	^t
8	¶段落符号	^%	表达式	( )
9	全角空格	^u8195	单词开头	<

续表

序号	清除使用通配符复选框		勾选使用通配符复选框	
	特殊字符	代码	特殊字符	代码或通配符
10	半角空格	^32 或^u8194	单词结尾	>
11	长划线	^j	任意字符串	*
12	短划线	^q	指定范围内任意单个字符	[-]
13	分栏符	^v	1个以上前一字符或表达式	@
14	分节符	^b	n个前一字符或表达式	{n}
15	省略号	^n	n个以上前一字符或表达式	{ n, }
16	全角省略号	^i	n 到 m 个前一字符或表达式	{ n,m }
17	不间断空格	^s	所有小写英文字母	[a-z]
18	脚注标记	^f 或者^2	所有大写英文字母	[A-Z]
19	手动分页符	^m	所有西文字符	[^1-^127]
20	尾注标记	^e	所有中文汉字和中文标点	[!^1-^127]
21	Unicode字符	^Unnnn	所有中文汉字(CJK统一字符)	[一-龥]或 [一-隝]
22	全角空格	^u8195	所有中文标点	[!一-龥^1-^127]
23	半角空格	^32 或者^u8194	所有非数字字符	[!0-9]

在Word里进行替换操作时，在清除使用通配符复选框和勾选使用通配符复选框两种情况下的通配符都是一样的，如段落标记符都是^p，手动换行符都是^l，制表符都是^t。

Word通配符案例

待处理的文本是某次译前任务语料收集阶段获取的语料数据，数据为数千条论文的摘要和关键词。部分截图如图2-29所示。本次处理的目标是去除关键词之后的内容以及"摘要："（图中画线部分），仅保留摘要的内容。

摘要：在软件定义网络中，可编程数据平面提供的编程能力是网络功能虚拟化的基石。可编程数据平面技术的核心是可编程能力与数据包处理性能。首先从数据平面的可编程性出发，探讨现有数据平面的数据包处理抽象。然后，分别对数据平面实施的目标平台与对应平台上的主要流表算法进行介绍，详细论述现有数据平面技术。最后，探讨了高性能数据平面技术存在的关键挑战。关键词：可编程数据平面，软件定义网络，网络功能虚拟化，高性能数据包处理。

摘要：支持策略隐藏和关键字搜索的属性基加密方案在医疗场景中具有良好的应用前景。然而，现有的此类方案大多不支持大属性域或采用"与门"结构，限制了访问控制的可扩展性和

图2-29 待处理的文本内容

步骤1：观察文本内容构成

该步骤大概分为三个部分，即第一部分为固定部分①"摘要："，第二部分为目标对象②，第三部分③为从"关键词："到段落标记符之间的内容。

步骤2：试写各个部分的表达式（图2-30）

第一个表达式为了避免文本内容中"摘要"两字后面的"："可能在全角，也有可能在半角的状态下，即①的表达式为（摘要[：|:]）

第二个表达式是任意字符，可以用*表示，即②的表达式为（*）

第三个表达式③为（关键词[：|:]*^13）

步骤3：替换

替换操作时，仅保留中间表达式和段落标记符，即查找的内容为"（摘要[：|:]）(*)（关键词[：|:]*^13）"，替换的表达式为"\2^13"。

图2-30 通配符表达式

2.2.3.2 正则表达式

正则表达式（regular expression，简称为 Regex 或 RegExp）是一种用来描述字符串模式的工具。它是由一些字符和特殊符号组成的文本模式，用于在文本中

进行搜索、匹配、替换和提取等操作。正则表达式可以用来检查一个字符串是否符合特定的模式，或者从一段文本中提取出符合某种模式的信息。

正则表达式有广泛的应用，包括但不限于以下几种应用。

1. 文本搜索与匹配

正则表达式可以用来在文本中搜索特定的模式，比如查找电子邮件地址、电话号码、URL等。正则表达式进行文本匹配的表达式见表2-4所列。

表2-4　正则表达式进行文本匹配的表达式

表达式	功能	举例
\w+@\w+\.\w+	匹配邮箱地址	username@example.com
\d{4}-\d{2}-\d{2}	匹配日期	2023-08-23
(\d{3})-(\d{3}-\d{4})	匹配电话号码	987-654-3210

2. 表单验证

在网页开发中，可以使用正则表达式验证用户输入的数据，确保其符合特定的格式，比如验证电子邮件、密码强度等。正则表达式进行表单验证匹配的表达式见表2-5所列。

表2-5　正则表达式进行表单验证匹配的表达式

表达式	功能	说明
^[a-zA-Z]\w{5,17}$	密码	以字母开头，长度在6~18，只能包含字母、数字和下画线
[\u4e00-\u9fa5]	匹配中文	u4e00是Unicode中第一个汉字的码点，u9fa5是最后一个汉字的码点

3. 数据提取

如果用户从一段文字中提取特定信息，则可以使用正则表达式来捕获符合模式的文本片段，比如从日志中提取日期、时间等。

4. 文本替换

正则表达式也可以用来在文本中进行替换操作，比如批量替换某个字符串为另一个字符串。

5. 语法分析

在编程语言中，正则表达式常被用于词法分析和语法分析，从而实现代码高亮、代码检查等功能。

正则表达式和通配符具有相似的功能，都可以在文本中进行模糊匹配。构成正则表达式的是一些普通字符和特殊字符，特殊字符也称为元字符，如"^"和

"$",其中,"^"表示一个字符串的开始,"$"表示字符串的结束。表2-6是正则表达式的常用符号含义。

表2-6 正则表达式符号含义

符号	含义
.(点号)	匹配任意单个字符,除了换行符
*	匹配前面的字符零次或多次
+	匹配前面的字符一次或多次
?	匹配前面的字符零次或一次,表示可选
^	匹配字符串的开头
$	匹配字符串的结尾
[]	定义一个字符集,匹配其中的任意一个字符
[a-z]	匹配从小写字母 a 到 z 的任意一个字符
[0-9]	匹配任意一个数字
[^...]	在字符集内使用^,表示匹配除了指定字符之外的任意字符
\(反斜线)	用于转义特殊字符,使其失去其特殊含义。比如 \. 将匹配实际的点号
()	捕获组,用于将匹配的内容分组并捕获,以供后续引用或提取
|	逻辑 OR 操作符,用于匹配多个模式中的一个
\d	匹配任意一个数字字符,相当于 [0-9]
\w	匹配任意一个字母、数字或下画线字符
\s	匹配任意一个空白字符,包括空格、制表符等
\b	匹配单词的边界
{n}	匹配前面的字符恰好 n 次
{n,}	匹配前面的字符至少 n 次
{n,m}	匹配前面的字符至少 n 次,但不超过 m 次

在学习正则表达式的时候,要注意贪婪模式与非贪婪模式的概念,他们是用于描述匹配重复字符的行为方式,会影响到正则表达式引擎在尝试匹配多个重复字符时的行为。使用贪婪模式(greedy mode)时,正则表达式引擎会尽可能多

地匹配重复字符，直到无法继续匹配为止。这意味着它会尝试匹配尽可能长的字符串，以满足整个正则表达式的匹配。非贪婪模式（non-greedy mode 或 lazy mode）：非贪婪模式是通过在重复字符后加上？符号来实现的。在非贪婪模式下，正则表达式引擎会尽可能少地匹配重复字符，以满足整个正则表达式的匹配。它会尝试匹配尽可能短的字符串。

译员在处理语料时可以根据需要在支持正则表达式的文字编辑软件或者 CAT 工具中使用正则表达式进行文本处理。

比如识别一般的英文人名，可以参考以下表达式：

[A-Z][a-z]+(?: [A-Z][a-z]+)?

这个正则表达式可以匹配以大写字母开头的单词，可能包括一个或多个以空格分隔的单词。该表达式能够检索出类似于"John""John Smith""Mary Ann"等简单的名字。其中，[A-Z]：匹配一个大写字母开头的单词；[a-z]+：匹配一个或多个小写字母，表示名字的后续部分；(?: [A-Z][a-z]+)?：使用非捕获组（?:...）? 来表示可选的空格加大写字母开头的单词，这部分匹配可能存在的姓氏。在实际应用中，可能会遇到比这类名字更复杂的情况，需要用更复杂的正则表达式或其他技术来处理更多种类的人名格式。

如果语料中包含货币金额，则可以使用正则表达式来提取这些金额。例如，以下正则表达式可以匹配人民币符号的货币金额格式：

¥\s*\d+(?: \.\d{1,2})?

这个正则表达式可以匹配整数或带有最多两位小数的金额数，如"¥10""¥10.5""¥100.99"等格式的人民币金额，金额与符号之间可以有零个或多个空格。其中，¥：匹配人民币符号。\s*：匹配零个或多个空格字符，允许金额与符号之间有空格。\d+：匹配一个或多个数字，表示整数部分。(?: \.\d{1,2})?：非捕获组（?:...）匹配小数点后面跟着一到两位数字的部分，这一部分是可选的，即匹配小数部分，? 表示可选的。"\."中的\表示转义符，因为"."具有特定的含义，此例中仅表示它原本的意思，因此需要加上转义符"\"。

以上两个例子都可以帮助译员从语料中检索出符合一定规律的内容，以便进行后续的翻译或处理，从而提高工作效率。当然，利用正则表达式处理语料，需要一定的经验，初学者可以参考以下方法。

1. 明确目标

确定需要检索的特定内容类型，如日期、邮箱、人名等。明确目标有助于设计适合的正则表达式。

2. 了解目标内容的特点

熟悉目标内容的格式、可能的变化和特征。不同类型的内容可以有不同的格式和规范，这些特点需要尽可能地考虑全面。

3. 构建正则表达式

根据目标内容的特点，构建相应的正则表达式。该表达式应该能精准地匹配目标内容。

4. 测试

在实际语料上测试和调试正则表达式，测试其是否能够正确匹配目标内容，避免出现误匹配的情况。

5. 调试

根据匹配的结果调整和优化正则表达式，直至完美地匹配所有目标内容。

6. 总结

针对设计的正则表达式，及时地记录其特点和使用方法，方便日后再次利用其解决同类型问题。

初学者可以在一些正则表达式的在线测试系统上进行语法的学习和练习。

https：//regexr.com/

https：//goregex.cn

如在 https：//regexr.com/ 网址进行匹配时，表达式最后的"g"表示当前是在贪婪模式下，对文本内容进行第一个字母大写的单词匹配任务，匹配到的结果以带颜色填充为表示。在贪婪模式下，会对待匹配的文本进行尽可能多的匹配，直到最后一个匹配结果，如图 2-31 所示。

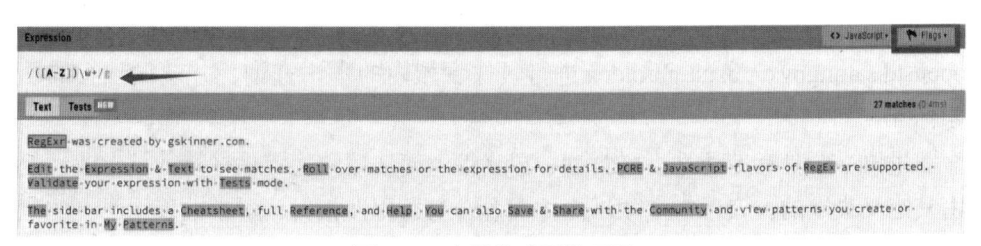

图 2-31　贪婪模式下的匹配

如果在非贪婪模式下去除勾选上图右上角的方框中 Flags 标识的下拉列表中的"global"，那么表达式匹配到第一个结果就会停止，如图 2-32 所示。

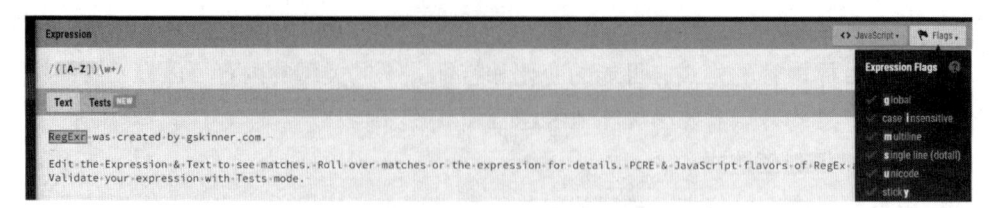

图 2-32　非贪婪模式下的匹配

2.3　术　语　库

2.3.1　术语基础知识

　　术语的定义有多种。从标准化的角度来看，中华人民共和国国家标准 GB/T 15237.1—2000《术语工作词汇》中的定义非常权威，其定义是"在特定专业领域中一般概念的词语指称"。百度百科词条中收录的术语定义为"特定学科领域用来表示概念的称谓的集合"。日常生活中，术语经常被人们称为"专有名词"，表现形式不仅仅为名词或者复合名词，也有可能由动词、形容词、介词和名词组成词组或者短语。由以上内容可知，术语有特定的使用领域范畴，且表现为词语或者短语。术语有多种用途，它可以用于语言规范。有了统一的语言标准，语言也可以具备一致性和可靠性，因此语言表达得更加精准；同时，术语可以帮助领域内的专家学者更好地分析一个概念。因此，国家制定了多个领域内的术语标准。译者在遇到陌生领域的项目时，可以从"国家标准全文公开系统"https：//openstd.samr.gov.cn/bzgk/gb/index 进行具体领域内的术语查询，并遵循现行的国家标准。

　　术语一般具有专业性、科学性、单义性、简洁性和稳定性等特征。专业性是由其定义决定的，表示特定领域内的概念，与通用性相对；科学性表示语义的范围准确；单义性是指一个概念就有一个名称，通常在实际应用中，要确保领域内一个术语代表一个概念；简明性是为了在信息交流中尽量确保术语表达简明概要，便于传播应用；稳定性是指使用频率较高、范围较广、已经约定俗成的术语，没有重要原因，即使有不理想之处，也不宜轻易变更。随着国际交流日益增多，为了方便国家之间的信息交流，各国术语在概念上也需保持一致，因此，术语国际性的特征也日趋明显。

专业术语和词汇被存储在一个被称为"术语库"的专用数据库中，这个库可以通过计算机辅助翻译（CAT）工具或翻译管理系统来访问。术语库充当一个可检索的知识库或术语表，其中包含了多语言的专业术语，以及相关的参考注释和使用规则。术语库管理过程包括了术语的识别、储存和管理，包括添加新的词条、修改现有的词条，以及清除过时的术语等任务。这种系统性的方法可以确保翻译人员在翻译过程中正确地运用专业术语。优质的术语库可以帮助译员在没有明确上下文的情况下理解术语含义，特别是在涉及首字母缩略词、同义词和缩写的情况下。

2.3.2 术语提取技术

术语提取是从文本中将术语提取出来的过程，可以分为人工提取和自动提取。本小节主要指术语自动提取。在20世纪90年代国外就开发了一批术语自动抽取系统，由于中文术语自动抽取有其特殊性，不同于英文单词之间采用空格符隔开，中文语料还需进行分词，国内基本上从21世纪初才开始研究中文的自动抽取技术研究。不管哪种语言，术语自动提取的方法主要分为三大类：基于语言学的方法，基于统计的方法，两者混合的方法。基于语言学的方法是利用词语词性和词法模式的语言知识，从语料中自动抽取术语。基于语言学的方法依赖于语言规则的指定。对于不同的领域，不同的语言，甚至是不同的语料集，语言规则都需要重新指定，这类方法虽然在准确率上有优势，但是可移植性差，因此，现在基本很少使用。基于统计的方法是以统计学理论为基础，利用术语已经在语料库中的分布统计属性来识别术语，统计的方法一般分为两类：一类是领域性度量，主要是衡量词或词组的领域性，如TF-IDF值、领域相关性（domain relevance）和领域共识（domain consensus）；另一类是单元性度量，主要是衡量词组的单元性，如互信息（mutual information）和对数似然比（log-likehood ratio）。基于统计的方法不需要句法、语义上的信息，通用性强。由于统计信息的可靠性依赖于语料的质量，因此，基于统计的方法对语料的规模和候选术语的要求较高。结合上述两种方法的优劣，目前很多研究者都采用两种结合的方法，并呈现出多样化的趋势。该两类方法结合机器学习算法可避免复杂的规则和方法，提高通用性。

由于术语抽取技术中涉及算法等跨学科的知识，译者无须深入理解算法部分，只需了解基于语言学的分词、词频统计、TF-IDF值等内容，便可更好地选择工具进行术语提取。

中文术语提取的步骤如下：

（1）文本预处理：主要是进行文本清洗，即去除文本中的特殊字符、标点符号、HTML标签等干扰信息。

（2）分词：将连续的文本划分成词语或短语，形成分词结果。中文分词是重要的一步，因为汉字通常不包含空格。

（3）词频统计：统计每个词语在文本中的出现频率。频率较高的词语可能是潜在的术语候选词。

（4）术语候选词的筛选：根据词频和文本特点，筛选出具有潜在术语性质的词语作为术语候选词。

（5）术语候选词的组合：一些术语可能由多个词语组合而成，需要考虑词语之间的组合关系。

（6）术语提取算法：使用不同的算法来识别潜在的术语，如词频、TF-IDF、共现矩阵、词嵌入模型等。这些算法可以帮助确定哪些词语是具有领域特定含义的术语。

（7）术语过滤和排序：根据领域知识或专业术语库，过滤出真正的专业术语。可以使用阈值或规则来过滤不相关的词语。对提取出的术语进行排序或评分，以确定其重要性或相关性。

（8）领域特定处理：针对不同领域的特点，可能需要定制化的处理和规则。

（9）术语库更新：建立或更新术语库，将识别出的术语加入术语库中，以便后续应用。

（10）评估和验证：对提取的术语进行验证和评估，确保它们在特定领域或上下文中具有实际价值。

（11）应用：将提取的术语应用于相关任务，如信息检索、翻译、自然语言处理等。

中文术语提取是一个复杂的过程，需要考虑中文的语言特点和领域知识。具体的方法和工具可以根据应用需求和数据特点来选择和调整。

2.3.2.1 中文分词原理

汉语是以字为基本的书写单位，词又是中文文本中最小的能够独立活动的有意义的语言成分。由于词语之间没有明显的区分标记，因此，中文分词是进行文字信息处理的基础与关键。分词是将文本中连续的字序列按照一定的规范重新组合成词序列的过程，中文分词是将汉字序列切分成一个个单独的词。

目前分词的算法基本上分为基于规则的方法、基于统计的分词方法和基于理解的分词方法。其中，基于规则的方法，即进行字符串匹配的分词方法，是以机器词典为基础的机械分词方法，比对待分析的汉字串是否出现在词典中，如果存在，则匹配成功。基于统计的分词方法是利用统计机器学习模型学习词语切分的规律，实现对未知文本的切分。基于理解的分词方法是让计算机模拟对句子的理解，达到识别词的效果，对语言知识信息的需求高，目前基本处于试验阶段。

目前分词的算法已经非常成熟，译者无须自己实现各种分词算法，只需了解一下分词算法的基本原理。这些知识既有益于培养译者评估分词工具效益的能力，又能够为通过自然语言处理技术解决其他问题提供思路。

2.3.2.2 常用的中文分词工具

常见的中文分词工具主要有jieba分词、SnowNLP、NLPIR和LTP等，其中，NLPIR是由北京理工大学张华平博士研发的文本处理和加工软件。译者可以用它作为小规模数据的处理和加工工具。以上工具都提供了Python库，可以很方便地使用。

jieba分词的原理是利用中文词库确定汉字之间的关联概率，概率大的组成词组，成为分词结果。jieba分词主要有3种模式：精确模式、全模式、搜索引擎模式。精确模式是把待处理的文本精确地切分成若干个中文单词，且切分后的单词之间经过组合，能够精确地还原为之前的文本内容，不会有多余的单词；全模式是把文本中所有可能的词语切分出来，切分后的结果重新组合，不会构成原有的文本内容；搜索引擎模式是在精确模式的基础上，对长词语进行再次切分，形成适合搜索引擎对短词语的索引和搜索。只有精确模式不会产生冗余的单词，全模式和搜索引擎模式都可能会存在冗余。以下是三种模式下的示例展示。

1. 使用全模式进行分词代码及结果（图2-33）

import jieba

str1 = '我最近看了一本书，叫《翻译技术实践教程》，我从中学习到了很多的计算机辅助翻译知识。'

seg_list = jieba.cut(str1, cut_all=True)   # 使用全模式进行分词 生成列表

print ('全模式分词结果：', '/'.join（seg_list）） # /拼接列表元素

全模式分词结果：我/最近/看/了/一本/本书/，/叫/《/翻译/技术/实践/教程/》，/我/从中/中学/学习/到/了/很多/的/计算/计算机/计算机辅助/算机/辅助/翻译/知识/。

```
In [2]: import jieba
        str1 = '我最近看了一本书，叫《翻译技术实践教程》，我从中学习到了很多的计算机辅助翻译知识。'
        seg_list = jieba.cut(str1, cut_all=True)    # 使用全模式进行分词 生成列表
        print('全模式分词结果：', '/'.join(seg_list))  # 拼接列表元素
        全模式分词结果：我/最近/看/了/一本书/，/叫/《/翻译/技术/实践/教程/》/，/我/从中/中学/学习/到/了/很多/的/计算/计算机/计算机辅助/算机/辅助/翻译/知识/。
```

图 2-33　全模式分词结果图

2. 使用精确模式进行分词代码及结果（图 2-34）

import jieba

str1 = '我最近看了一本书，叫《翻译技术实践教程》，我从中学习到了很多的计算机辅助翻译知识。'

seg_list = jieba.cut(str1, cut_all=False)　　# 使用精确模式进行分词 生成列表

print('精确模式分词结果：', '/'.join(seg_list)) # 拼接列表元素并显示

精确模式分词结果：我/最近/看/了/一/本书/，/叫/《/翻译/技术/实践/教程/》/，/我/从中/学习/到/了/很多/的/计算机辅助/翻译/知识/。

```
In [4]: import jieba
        str1 = '我最近看了一本书，叫《翻译技术实践教程》，我从中学习到了很多的计算机辅助翻译知识。'
        seg_list = jieba.cut(str1, cut_all=False)    # 使用精确模式进行分词 生成列表
        print('精确模式分词结果：', '/'.join(seg_list))  # 拼接列表元素并显示
        精确模式分词结果：我/最近/看/了/一/本书/，/叫/《/翻译/技术/实践/教程/》/，/我/从中/学习/到/了/很多/的/计算机辅助/翻译/知识/。
```

图 2-34　精确模式分词

3. 使用搜索引擎模式进行分词代码及结果（图 2-35）

import jieba

str1 = '我最近看了一本书，叫《翻译技术实践教程》，我从中学习到了很多的计算机辅助翻译知识。'

seg_list = jieba.lcut_for_search(str1)　　# 使用搜索引擎模式进行分词 生成列表

print('搜索引擎模式分词结果：', '/'.join(seg_list)) # 拼接列表元素并显示

搜索引擎模式分词结果：我/最近/看/了/一/本书/，/叫/《/翻译/技术/实践/教程/》/，/我/从中/学习/到/了/很多/的/计算/算机/辅助/计算机/计算机辅助/翻译/知识/。

```
In [5]: import jieba
        str1 = '我最近看了一本书，叫《翻译技术实践教程》，我从中学习到了很多的计算机辅助翻译知识。'
        seg_list = jieba.lcut_for_search(str1)    # 使用搜索引擎模式进行分词 生成列表
        print('搜索引擎模式分词结果：', '/'.join(seg_list))  # 拼接列表元素并显示
        搜索引擎模式分词结果：我/最近/看/了/一/本书/，/叫/《/翻译/技术/实践/教程/》/，/我/从中/学习/到/了/很多/的/计算/算机/辅助/计算机/计算机辅助/翻译/知识/。
```

图 2-35　搜索引擎模式分词

2.3.2.3 词频统计

词频统计是文本分析中的一种基础方法，用于计算文本中每个词出现的次数。文本预处理在统计词频之前进行，如转换为小写、删除标点和停用词。停用词表是一个包含常见词汇的列表，这些词汇在文本中频繁出现，但通常没有什么实际意义，如中文文本中的"的""是""在"等。停用词表的作用是让术语提取程序忽略这些常见词汇，从而更容易识别出文本中真正重要的术语。这可以提高词频统计的准确性和相关性。常用的词频统计工具有词云生成器，这是一种可视化词频的方法，可以直接从文本中提取并显示词频。词频统计可以使用 AntConc 实现；也可以使用代码实现，如利用基本循环和字典的方法可以实现对文本内容的词频统计；还可以使用专门的 NLP 库如 NLTK（自然语言工具包）、spaCy 实现。每种方法都有其特点和适用场景。词云生成器适用高频词可视化的场景，基本的循环和字典方法适合小型、简单的文本数据，NLP 和大数据工具适用于更复杂和大规模的文本分析。

下面以 Python 的基本遍历和字典的方法对一段文本内容进行词频统计。要求在 Python 运行的环境中安装"jieba"分词库。第一步，使用"jieba.cut"方法对文本内容进行分词，"jieba.cut"会返回一个生成器，生成分词结果。第二步，遍历分词结果（图 2-36），并使用"Word_freq"存储非停用词的出现次数。第三步，忽略在停用词表"stop_Words"中出现的词汇；第四步，将字典按照词频进行排序并输出。本例中文本内容里的"\n"是换行符。

```python
import jieba

# 定义文本
text = '我最近看了一本书，叫《翻译技术实践教程》，书中的内容包含翻译技术的知识和实践，\n主要有搜索技术、语料库技术、术语库技术、机器翻译技术、质量控制技术。通过技术实践，我从中学习到了很多的计算机辅助翻译知识。'

# 定义停用词表
stop_words = set(['我', '了', '一', '《', '》', '。', '，', '、', ''])

# 使用 jieba 进行中文分词
words = jieba.cut(text)

# 初始化一个字典来存储词频
word_freq = {}

# 统计词频，排除停用词
for word in words:
    if word not in stop_words:
        if word in word_freq:
            word_freq[word] += 1
        else:
            word_freq[word] = 1

# 对词频字典按值进行排序
word_freq_sorted = {k: v for k, v in sorted(word_freq.items(), key=lambda item: item[1], reverse=True)}

word_freq_sorted
```

图 2-36　jieba 库分词结果

输出的结果如图2-37所示。

```
{'技术': 7,
 '翻译': 3,
 '实践': 3,
 '的': 3,
 '知识': 2,
 '最近': 1,
 '看': 1,
 '本书': 1,
 '叫': 1,
 '教程': 1,
 '书中': 1,
 '内容': 1,
 '包含': 1,
 '和': 1,
 '主要': 1,
 '有': 1,
 '搜索': 1,
 '语料库': 1,
 '术语': 1,
 '库': 1,
 '机器翻译': 1,
 '质量': 1,
 '控制技术': 1,
 '通过': 1,
 '从中': 1,
 '学习': 1,
 '到': 1,
 '很多': 1,
 '计算机辅助': 1}
```

图2-37　带词频的分词结果

如果要将词频统计结果存储到本地的Excel文件中，则可以将上述代码进行调整，创建一个DataFrame来存储词频结果，对DataFrame按词频进行降序排序，再将结果保存到Excel文件中（图2-38）。

```python
import jieba
import pandas as pd

# 定义文本
text = '我最近看了一本书，叫《翻译技术实践教程》,书中的内容包含翻译技术的知识和实践,主要有搜索技术、语料库技术、术语库技术、机

# 定义停用词表
stop_words = set(["我", "了", "一", "《", "》", "。", "，", "、"])

# 使用jieba进行中文分词
words = jieba.cut(text)

# 初始化一个字典来存储词频
word_freq = {}

# 统计词频，排除停用词
for word in words:
    if word not in stop_words:
        if word in word_freq:
            word_freq[word] += 1
        else:
            word_freq[word] = 1

# 创建一个DataFrame来存储词频结果
df = pd.DataFrame(word_freq.items(), columns=['Word', 'Frequency'])

# 对DataFrame按词频进行降序排序
df.sort_values(by='Frequency', ascending=False, inplace=True)

# 将结果保存到Excel文件中
output_path = 'D:\DESKTOP\T1\word_frequency.xlsx'
df.to_excel(output_path, index=False)

output_path
```

图2-38　改进后的代码

本段代码没有实现新建 Excel 文件的过程，需在目录文件夹内创建名字为"Word_frequency"的 Excel 文件。代码执行完毕后，词频统计的结果就存储在 D 盘 DESKTOP 目录中的 T1 文件夹内。打开"Word_frequency.excel"文件，可以看到词频统计结果如图 2-39 所示。

Word	Frequency
技术	7
翻译	3
实践	3
的	3
知识	2
最近	1
控制技术	1
库	1
机器翻译	1
质量	1
从中	1
通过	1
语料库	1
学习	1
到	1
很多	1
术语	1
主要	1
搜索	1
有	1
看	1
和	1
包含	1
内容	1
书中	1
教程	1
叫	1
本书	1
计算机辅助	1

图 2-39　输出 Excel 格式的词频表

2.3.2.4　英文分词

由于英文的基本单位就是单词，因此，英文分词基本上只需要分为 3 个步骤：

（1）根据分隔符，一般来说是空格符，得到单词组。这个步骤可以通过 Python 的 nltk 包的 Word_tokenize() 实现英文语料的分词。

（2）根据停用词表过滤类似于"a/an/the/are/is"等词。这些词在英文文本中都会以高频词出现，如果不进行提前干预，就会对后续的词频统计部分造成干扰；

（3）提取词干。这是有别于中文分词过程的特有步骤。在英文单词出现单复数、不同时态的变形场合时，这些词需要进行合并处理，这也叫作词形还原步骤。

2.3.3　术语库管理的基础知识

电子计算机的推广应用加上信息技术的发展，使术语的存储和复用变得容易。各个国家都建立起自己的术语数据库，并提供咨询服务。翻译从业人员可以借助术语数据库的作用提高翻译速度和翻译质量，促进术语的统一。

2.3.3.1 术语库管理的详细工作步骤

术语库采用一套系统化和简化的操作流程，以下是术语库管理的详细工作步骤。

1. 自动检索术语

术语库会自动扫描原文句子，经过精心调整的检索，能够发现与准确翻译密切相关的术语和行业特定术语。

2. 术语范围

自动检索完成后，系统会呈现出术语建议列表。这些建议包括被认为与所翻译内容相关的特定词语、短语或表述。

3. 调用术语

译员从建议的目标术语列表里选用最恰当的结果，并应用到目标语中。

4. 提高翻译质量

通过整合已创建的标准化术语，术语库有助于提升整体翻译质量和一致性。

2.3.3.2 术语管理帮助译员实现的目标

从上述过程可以发现，术语管理可以帮助译员实现以下目标：

1. 保持术语一致性

术语管理是在内容创作中建立一套经过批准的标准术语，可用于相关材料的过程。这种一致性确保了无论是文件、网站，还是营销材料等所有沟通工具都遵循相同的术语指南。保持术语一致性，可以避免受众感到困惑、产生歧义或误解。此外，保持术语一致性，还有助于加强品牌形象的一致性，并更有效地传达信息。

2. 提高翻译质量

维护良好的术语数据库，可以为译员提供明确的参考点。这有助于他们理解特定术语的预期含义和上下文，从而提高翻译的质量。当译员能够访问经过批准的术语和短语时，术语管理可以更专注于微妙的语言和文化调整，最终提供更高质量的翻译。

3. 简化流程通过集中管理

集中式术语管理简化了术语库的维护，使涉及内容创建和翻译流程的各方都能轻松使用术语库。集中的系统可以高效地更新和修改术语，确保所有内容版本的一致性和更新。这简化了流程，同时也减少了返工和修改的需要。

4. 节省时间和成本

有效管理术语是为了避免不一致性，从而减少时间和成本。译员不再需要返回文档来更正术语，从而提高了工作效率。术语管理通过提供经过预批准的术语，显著减少了这种返工的可能性。这也减少了译员、审校员和内容创建者之间的沟通，最终节省了时间和精力。

2.3.4 术语库的创建

术语库和术语表都可以用来描述术语的集合，只是在范围和用途上存在一些区别。从用途和管理角度来看，术语表专注于某个具体项目、任务或文件所需的术语，用于确保在特定环境中术语的一致性和准确性；术语库通常作为一个更全面、综合的资源，用于组织、管理和共享大量术语和相关信息，供广泛的使用者或不同项目使用。从范围和规模上来说，术语表倾向于描述一个特定项目、文件、文档或特定任务所需的术语集合，通常规模较小，着重于特定环境或特定目的所需的术语；术语库通常指的是更大规模的术语集合，包含了一个领域或行业中的广泛术语、术语定义、描述和相关信息，可能涵盖多种类型的信息和多个方面的术语。从复杂性和结构上来看，术语表通常更直接，可能仅包含术语、定义和相关的解释或注释，不涉及复杂的结构或关系。术语库可能包含更复杂的结构，如分类、层次结构、元数据、同义词、术语之间的关系等，以支持更广泛的应用和需求。

一般个人积累的术语可以通过 Microsoft Excel 存储，且 Microsoft Excel 可以直接或者间接成为 CAT 工具术语库的建库材料。

2.3.4.1 术语格式转换

1. 任务描述

使用 SDL MultiTerm 2017 Convert 进行术语格式转换。

SDL MultiTerm 2017 Convert 支持 .mtf.xml 术语库文件格式导入。如果译员有其他格式的术语表，就需要通过 SDL MultiTerm 2017 Convert 转换为 MultiTerm 术语库文件格式，然后再导入术语库中并使用。本小节以导入 Excel 格式的术语表为例进行讲解。

2. 操作步骤

步骤1：点击 Windows 操作系统左下角的"开始"菜单，找到"SDL MultiTerm 2017"文件夹，点击"SDL MultiTerm 2017 Convert"，进入格式转换向导菜单，如图2-40所示。

图 2-40　SDL MultiTerm 2017 Convert 所在位置

步骤2：点击"下一步"，选择"新建转换会话"，然后点击"下一步"，如图 2-41所示。

图 2-41　选择新建转换会话

步骤3：选择"Microsoft Excel 格式"，点击"下一步"，如图 2-42所示。

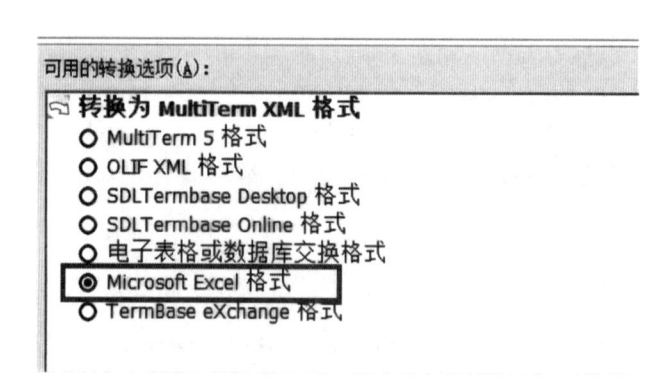

图 2-42　勾选 Microsoft Excel 格式

【说明】

SDL MultiTerm 2017 Convert转换工具支持导入的术语表格式包括：MultiTerm 5格式、OLIF XML格式、SDLTermbase Desktop格式、SDLTermbase Online格式、电子表格或数据库交换格式、Microsoft Excel格式和TermBase eXchange格式7种。

步骤4：在"输入文件"选择框点击"浏览"，打开要导入的Excel格式术语表。转换工具会自动生成三个文件：术语表转换以后的输出文件（.mtf.xml）、术语库定义文件（.xdt）和日志文件（.log），并存放在刚才打开的术语表同一目录文件夹下，点击"下一步"，如图2-43所示。

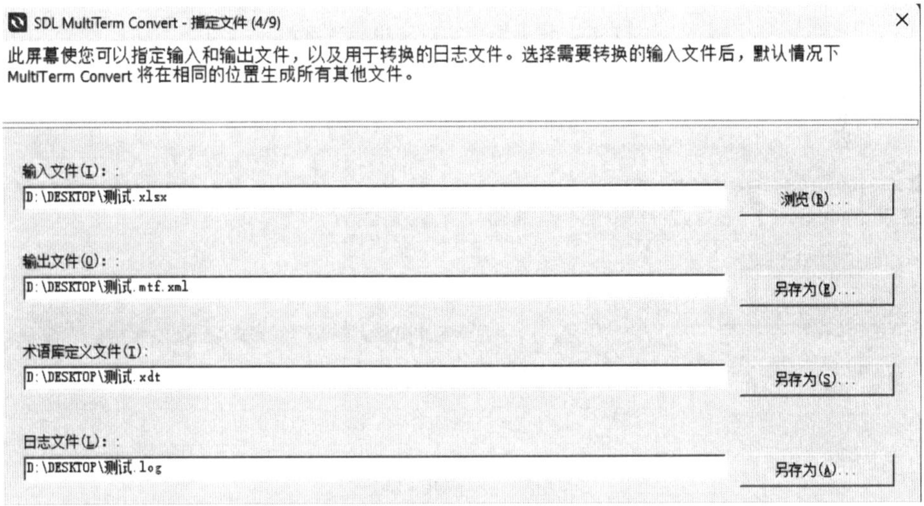

图2-43　系统生成三个格式转换后的文件

【注意】

Excel格式的术语表的第一行应为标题栏，不能为术语，否则第一行的术语将不会被导入。

步骤5：为Excel术语表的每一列指定语言字段和说明性字段类型。"可用列标题字段"的列表框会显示Excel术语表中的每一列标题栏信息。每一列字段被指定到对应的语言字段或说明性字段，其中语言字段为必选项，说明性字段为可选项，点击"下一步"，如图2-44所示。

此屏幕使您可以指定包含在输入文件中的每个列标题字段的类型。您需要为语言字段指定语言。

图2-44 设置语言字段和说明性字段

步骤6：设置条目结构，如图2-45所示，然后点击"下一步"，开始转换。

图2-45 设置条目结构

步骤7：完成转换后，显示有多少条目已成功转换，点击"下一步"-"完成"，退出Convert程序。打开目标文件夹，看到转换以后生成的三个文件（.mtf.xml、.xdt和.log），如图2-46所示。

图2-46 转换后生成的三个文件示例

2.3.4.2　SDL MultiTerm Desktop 术语库的创建和导入

1. 任务描述
（1）使用SDL MultiTerm 2017 Desktop创建术语库。
（2）完成术语表的导入，并进行术语检索。

2. 操作步骤
步骤1：打开SDL MultiTerm 2017 Desktop，选择"文件"-"新建"-"创建术语库"，设置术语库保存路径，如图2-47所示。

图2-47　新建-创建术语库

步骤2：进入术语库向导菜单，选择"下一步"，进行术语库定义。选择"载入现有术语库定义文件"，在2.3.4.1小节"SDL MultiTerm 2017 Convert术语格式转换"中，术语表经过格式转换后，生成了一个.xdt格式的术语库定义文件，载入该文件，然后点击"下一步"，如图2-48所示。

图2-48　载入现有的术语库定义文件

步骤3：为术语库定义用户友好名称和说明，点击"下一步"，如图2-49所示。

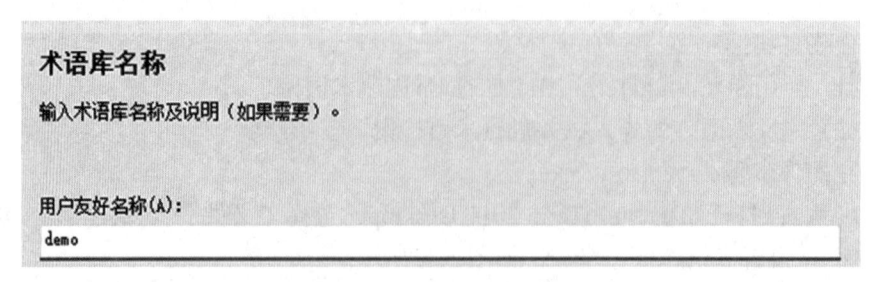

图2-49 设置术语库名称

步骤4：设置索引字段。在2.3.4.1小节"SDL MultiTerm 2017 Convert术语格式转换"中，已经将语言设置完成，这里直接选择"下一步"，如图2-50所示。

图2-50 选择索引字段

步骤5：设置说明性字段。同样，在上一小节中已提前完成，此处直接选择"下一步"。

步骤6：设置条目结构。同样，在上一小节中已提前完成设置，直接选择"下一步"。

步骤7：选择"完成"，完成术语库的创建，退出术语库创建向导菜单。

步骤8：返回到SDL MultiTerm 2017 Desktop主界面，点击左下角"术语库管理"，选中刚创建的"演示术语库"，可以看到术语库的基本信息，如图2-51所示。

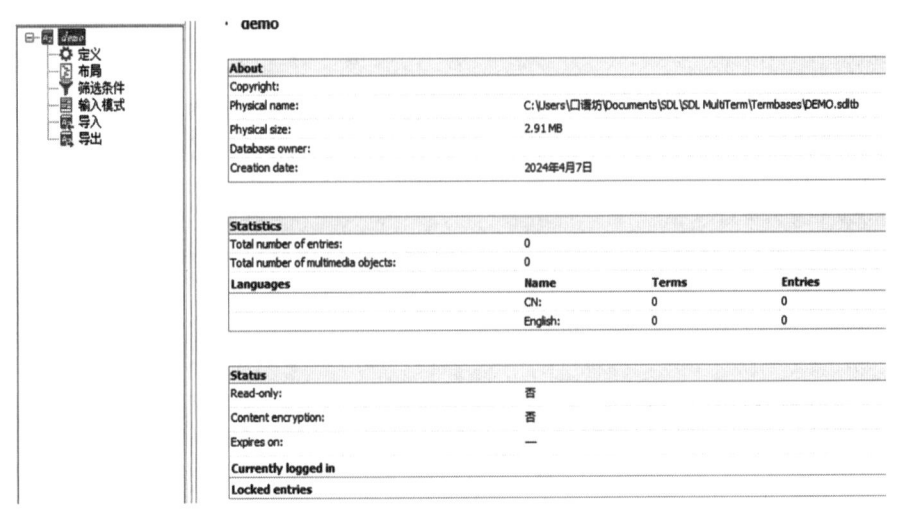

图2-51 创建好的术语库界面

步骤9：在 SDL MultiTerm 2017 Desktop 主界面，找到创建的"演示术语库"，右键点击"导入"，选择"处理"，进入导入向导菜单，如图2-52所示。

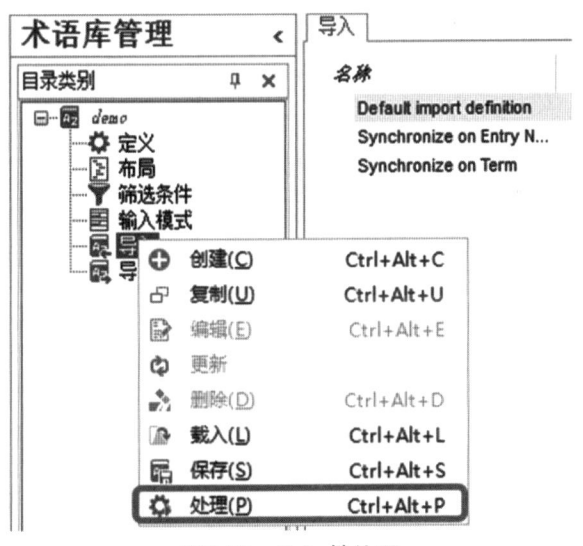

图2-52 导入-批处理

步骤10：以在2.3.4.1小节中转换生成的.mtf.xml术语格式文件作为导入文件，同时软件自动挂载转换步骤中生成的日志文件（.mtf.log），点击"下一步"，如图2-53所示。

图2-53 选择要导入的术语表格式文件

步骤11：为无效或不完整的术语条目设置排除文件的存放路径，再次点击"下一步"，如图2-54所示。

【说明】

这里的"不完整条目"指术语表中某些字段为空的条目；"过完整条目"指包含了字段以外其他内容的条目。

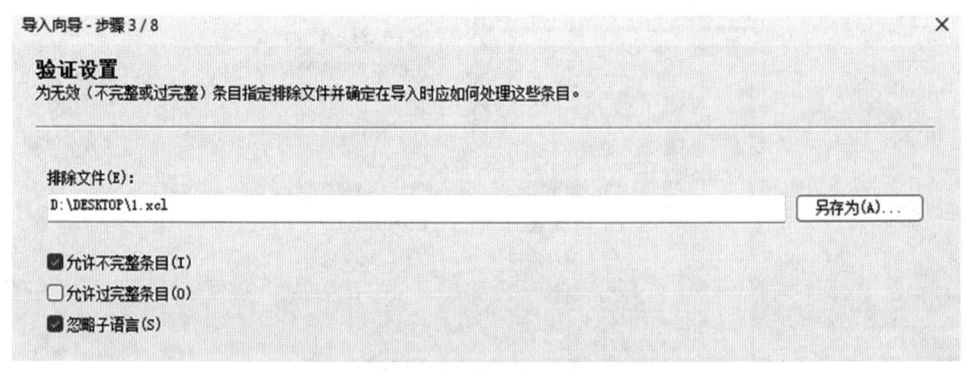

图2-54 指定排除文件目录和验证设置

步骤12：确认导入的相关设置信息，点击"下一步"，开始导入术语条目。导入完成后，显示"已处理170个条目"，再次点击"下一步"。

步骤13：点击"完成"，退出导入向导菜单，返回主界面，此时可以看到术语库中刚导入的术语，如图2-55所示。

图 2-55　导入术语后的术语库

步骤 14：添加术语。在菜单栏选择"新加"按钮，在新开启的标签页中添加术语的原文和译文，然后点击"保存"按钮以保存新添加的术语条目，如图 2-56 所示。

图 2-56　添加新的术语条目

步骤 15：删除术语。在左侧术语浏览窗口选择要删除的术语条目，右键单击并选择"删除"，或点击菜单栏中的"删除"按钮，如图 2-57 所示。

图 2-57　删除术语条目

步骤 16：编辑术语。在左侧术语浏览窗口选择要编辑的术语条目，右键单击并选择"编辑"，或点击菜单栏中的"编辑"按钮，对术语内容进行编辑，完成后点击菜单栏的"保存"按钮，如图 2-58 所示。

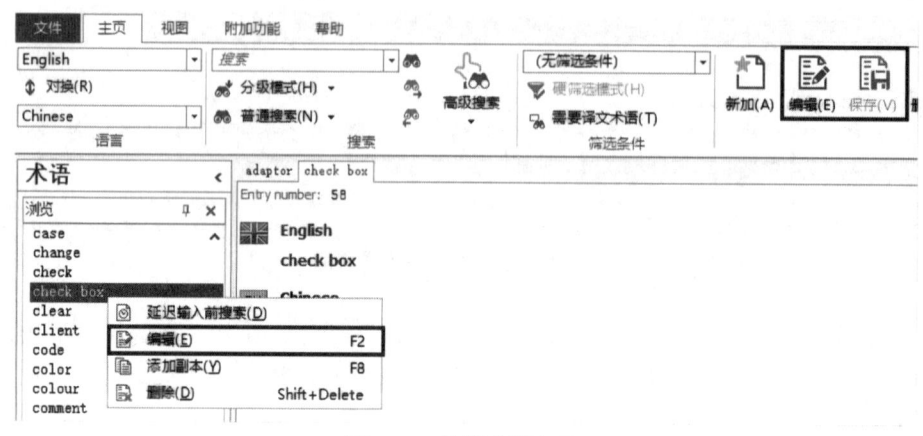

图 2-58　编辑术语条目

步骤 17：术语库检索。在搜索框中键入需要检索的术语，结果就在左侧的结果列表中显示，如图 2-59 所示。

图 2-59　搜索术语

【说明】

SDL MultiTerm 的检索可以分为普通搜索、模糊搜索和全文搜索三种检索方式。

（1）普通搜索：该方式会搜索术语本身以及以术语开头的词组。

（2）模糊搜索：搜索所有与键入格式相同或相似的术语，并按照相似度进行排列。

（3）全文搜索：搜索整个条目内容以查看此搜索格式出现的次数，即其不仅会在索引中进行搜索，同时也会对说明性文字进行搜索。此外，全文搜索中还可以使用两种通配符"*"和"?"进行检索。

2.3.5 在线术语库

在翻译工作中，译员会时常碰到不熟悉领域的术语翻译问题，尤其是在一些常用词典中找不到具体的表达时，可以借助在线翻译术语库的力量。一些权威的术语库可以提供精准的术语翻译。以下是一些在线术语库的资源。

2.3.5.1 术语在线

https：//www.termonline.cn/index

术语在线由全国科学技术名词审定委员会（简称名词委）主办，定位为术语知识服务平台。以建立规范术语"数据中心""应用中心"和"服务中心"为目标，支撑科技发展、维护语言健康。其主页截图如图2-60所示。

图2-60　术语在线主页截图

2.3.5.2 中国核心词汇

https：//www.cnkeyWords.net/index

"中国核心语汇"涵盖政治、经济、科技、文化等12个热门分类，17种语言，100万词条，由中国出版集团公司、中国翻译研究中心汇聚了全球资深翻译家与汉学家的权威智慧，利用先进的大数据技术与语义分析搜索技术，更加系统地展现出中国关键语汇形成的时间脉络与语境全貌。其主页截图如图2-61所示。

图 2-61　中国核心词汇主页截图

2.3.5.3　中国关键词

http：//www.china.org.cn/chinese/china_key_Words/

中国关键词项目是以多语种、多媒体方式向国际社会解释、阐释当代中国发展理念、发展道路、内外政策、思想文化核心话语的窗口和平台，是构建融通中外的政治话语体系的有益举措和创新性实践。项目组建了由中央相关部门专家组成的中文编写和多语种外文翻译的专家委员会，邀请了外籍专家参与译文的审稿工作。其主页截图如图 2-62 所示。

图 2-62　中国关键词主页截图

2.3.5.4 中国特色话语对外翻译标准化术语库

http：//210.72.20.108/index/index.jsp

中国特色话语对外翻译标准化术语库（图2-63）是中国外文局、中国翻译研究院主持建设的首个国家级多语种权威专业术语库。

图2-63 中国特色话语对外翻译标准化术语库主页截图

2.3.5.5 中国规范术语

http：//shuyu.cnki.net/

中国规范术语是中国知网和全国科学技术名词审定委员会的合作项目，根据名词委历年审定公布并出版的数据制作，供读者免费查询。本库旨在帮助专业工作者规范、正确使用本领域的专业术语，提高专业水平。其主页截图如图2-64所示。

图2-64 中国规范术语主页截图

2.3.5.6　SCIdict

http：//www.scidict.org/

SCIdict词典可谓是全能王，金融、生物医药、机械、信息技术等专业的术语应有尽有，中英词条均可查询。网站提供词条来源和双语翻译，用起来很方便。唯一的缺点是，网页排版稍差。其主页截图如图2-65所示。

图2-65　SCIdict主页截图

2.3.5.7　中华思想文化术语库

https：//shuyuku.chinesethought.cn

中华思想文化术语库包含中华思想文化术语库、中医文化关键词库、典籍译本库，主要收录"中华思想文化术语传播工程"近几年的最重要成果——中华思想文化术语，目前已收录600条。其主页截图如图2-66所示。

图2-66　中华思想文化术语库主页截图

2.3.5.8 UNTERM（联合国术语库）

UNTERM是一个多语种在线数据库，囊括了联合国几大机构办事处和5个区域经社委员会的专业词汇，提供多种工作语言以及德语、葡萄牙语的术语。搜索关键词，可以了解该关键词的定义、来源以及所筛选的联合国工作语言对应的译文，还可以看到该关键词在联合国内部不同机构出现的频率、在不同主题内容中出现的频率等。

UNTERM门户分两个链接端口，对应不同的用户。公开部分针对全球普通用户，无须注册，访问untermportal.un.org或unterm.un.org即可查询术语。首页以英语呈现，如图2-67所示。

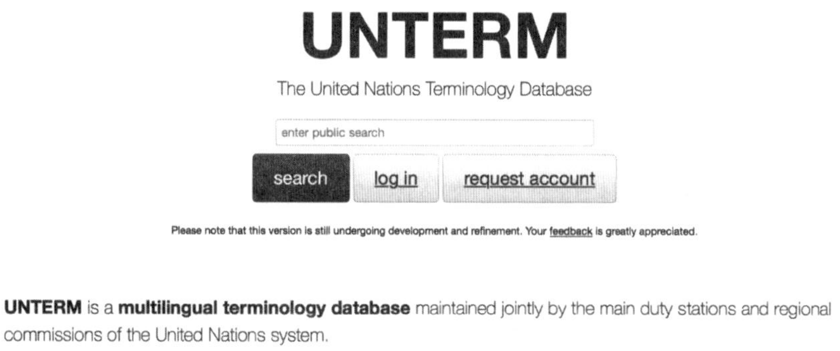

图2-67 联合国术语库主页截图

需要注意的是，网页版的在线语料库更新较快，不仅体现在术语内容上，网页页面排版可能还会更新换代，因此，访问在线语料库时通过域名进行访问，界面可能会随着系统的升级而产生变化。

2.4 翻译记忆库的基础知识

2.4.1 翻译记忆库

在计算机辅助翻译流程中，翻译记忆（translation memory，TM）是个非常重要的概念，它的本质是一个存放以前翻译过的语料数据库。这些语料以句子、段落、短语等为存储单元。一般的CAT软件都提供翻译记忆的功能，在翻译流程中输出翻译记忆库的内容，为译者提供参考译文。

不同CAT软件的翻译记忆库格式有所不同，为了在不同的软件之间利用已有的翻译记忆库资源，由本地化行业标准协会（LISA）开发了标准的翻译记忆库交换格式（translation memory exchange format，TMX）。它是一种开放的XML标准，用于不同CAT工具间翻译记忆库文件的导入导出。除了TMX标准，还有分段规则交换格式（segmentation rules exchange format，SRX），这是一种加强TMX标准，可以更高效地在应用程序之间交换翻译记忆资料。

运用翻译记忆库把以往被翻译过的句子存储起来，在面对相似内容的时候，无须重新翻译，不仅可以节约时间和金钱，还能在一定程度上提高翻译的准确性和统一性。

2.4.2 语料对齐工具介绍

语料是翻译过程中重要的组成部分。在译前的技术处理中，从网页、电子文档、纸质材料中获取的双语语料可以经过对齐处理，成为翻译记忆库的语料基础。语料处理的工具有多种，大体分为2类。第一类是基于浏览器的在线系统，如上海一者信息科技有限公司（简称一者科技）的在线对齐，能够短时间内快速积累语言资产；第二类是基于计算机的软件，如ABBYY Aligner，也有集成在计算机辅助翻译软件中的对齐模块，如SDL Trados的SDL Aligner、Transmate的双语对齐。

2.4.2.1 使用Tmxmall进行语料对齐

1. 任务描述

使用Tmxmall的语料对齐功能对双语的文本材料实现语料对齐。

2. 操作步骤

步骤1：在浏览器中输入Tmxmall的官方网址：https://www.tmxmall.com/，并登录已注册的Tmxmall账号，选择如图2-68所示的产品服务下的"语料对齐"，并进入语料对齐界面。

图2-68　Tmxmall的语料对齐选择界面

步骤2：Tmxmall可以导入双语单文档和单语双文档，选择"单文档对齐"，然后点击文件名框后的文件夹图标，选择需要对齐的双语单文档，如图2-69所示。

图2-69　单文档选择

步骤3：以某期刊电子测试相关领域的论文摘要双语单文档为例，导入Tmxmall后的页面如图2-70所示。

图2-70　导入双语单文档到Tmxmall

步骤4：初步调整文段，使原文和译文段落数一致后，点击页面上方工具栏中的"对齐"，如图2-71所示。

图2-71　点击系统自动对齐

步骤5：系统自动对齐后会弹出对齐成功的界面，如图2-72所示。第1列序号的一列个别段落会标注成绿色/黄色，表示在原来的该段落中包含两个及两个以上的句子。在句子对齐后系统自动拆分了段落，并用不同颜色标注。网页上分别用绿色和黄色标注，绿色表示这两个句子属于同一段落，黄色表示这四个句子属于同一段落，黄色和绿色分别代表偶数段和奇数段，以示对相邻两个段落加以区分。

图 2-72　系统自动对齐后界面

步骤 6：将第 69 行的长句拆分成两个短句，在需要拆分的位置后点击鼠标左键，如图 2-73 所示，然后点击拆分，长句就被拆分成两行，如图 2-74 所示。英文部分运用同样的操作，在英文对应的位置点击鼠标左键，然后点击拆分，拆分后的效果如图 2-75 所示。

图 2-73　拆分长句

图 2-74　长句被拆分成两行

图 2-75　拆分效果图

步骤 7：第 74 行的左右意思不对称，需要调整。先把目标语言第 74 行的内容拆分。方法：选中第 74 行的目标语言单元格，如图 2-76 所示，单元格即变为蓝色，按照步骤 7 的方法进行拆分。最后合并目标语言的 73、74 句段的英文部分。如图 2-77 所示，调整后的效果如图 2-78 所示。

图 2-76　拆分目标语言句段

图 2-77　合并句段

图 2-78　调整后的效果

步骤 8：Tmxmall 在线对齐系统能够实时保存操作数据，关闭网页后下次在同一 IP 地址下再打开 Tmxmall，会弹出是否需要打开最近一次保存结果的对话框，如图 2-79 所示，点击"打开"即可打开最近一次保存的结果。

图 2-79　打开最近一次保存的对齐结果

2.4.2.2　使用 ABBYY Aligner 进行双语对齐

1. 任务描述

（1）准备待对齐的语料的中文版和对的应英文版文件。

（2）使用 ABBYY Aligner 进行双语语料对齐。

（3）保存已完成的语料对齐项目文件到计算机上。

2. 操作步骤

步骤 1：准备待对齐的单语双文档材料，文档如图 2-80 和图 2-81 所示。

图 2-80　语源语料

English Abstract
In the paper, a face recognition intelligent access control system based on raspberry pi 4B and Baidu AI cloud is proposed. The system consists of cloud server, PC and access control.
In the hardware part, raspberry pi is used as the platform, equipped with HC-SR501 human infrared sensor module, CSI camera, buzzer, light-emitting diode and other hardware facilities
The image encoding is uploaded to the cloud by the image information collected by the camera. The cloud is used for image contrast and return signal to control the whole system to wo:
The software part adopts the Linux system which has the best compatibility with raspberry pi and is written in Python.
The system will double back up the visitor data, one of which is transmitted to the user's mobile terminal, and the other is saved in the background of the system.
Through the experimental test, the system has high recognition accuracy and low cost, which is beneficial to improve the face recognition access control system in the current market. F

图 2-81 译语语料

步骤 2：打开 ABBYY Aligner 软件，新建对齐项目，确定源语言和目标语言语种，在源语言下拉框中选择"Chinese Simplified"，在目标语下拉框中选择"English"，如图 2-82 和图 2-83 所示。

图 2-82 选择源语言语种

图 2-83 选择目标语言语种

步骤 3：点击添加文件，根据界面提示语句，完成源文件和目标文本的添加操作，如图 2-84 所示。

第二章 译前技术实践

图 2-84 添加待对齐的文件界面

步骤 4：文件挂载后，如图 2-85 所示。

图 2-85 双语单文档导入 ABBYY Aligner 后的界面

步骤 5：点击工具栏上的"开始对齐"或按键盘上的快捷键 F5，等待系统自动对齐，对齐完成后的界面如图 2-86 所示。

图 2-86 系统自动对齐

步骤 6：也可以从之前保持的任务中进入编辑界面，右键点击此项任务，选择"编辑"，如图 2-87 所示。

图 2-87 选择编辑

步骤7：进入对齐的主界面，如图 2-88 所示。

图 2-88 ABBYY Aligner 自动对齐后界面

步骤8：合并单元格。每行的左右单元格对齐，以7、8行为例，如图 2-89 所示。第7行的源语言单元格为"关键词："，再检查目标语言，该句为空。需要把目标语言的第7、8两行单元格合并，方法：单击鼠标左键选中目标语言的第7行单元格，再按住键盘 Shift 键，同时单击鼠标左键选中目标语言的第8个单元格，两个单元格此时都被标注为蓝色，然后单击右键，如图 2-90 所示，选择"合并"即可。合并后的结果如图 2-91 所示。最后再删掉第7行，调整内容，如图 2-92 所示。

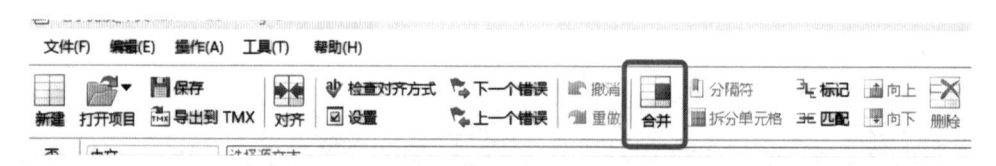

图 2-89 ABBYY Aligner 第7、8行对齐的界面

图 2-90 选中两个单元格的界面

图 2-91　两个单元格合并后的界面

图 2-92　调整为一行后的界面

步骤 9：依次检查所有的句段是否完成对齐，必要时可以对句段进行合并、上移、下移等操作。

步骤 10：保存对齐项目。当关闭软件或做完所有语料的对齐后需要保存时，点击工具栏上的"保存"，将会弹出如图 2-93 所示的对话框，选择好保存路径后点击保存，保存后的图标如图 2-94 所示，下次想要打开该项目文本继续编辑时，可以直接点击该图标打开。

图 2-93　对齐文本保存界面

图2-94　ABBYY Aligner项目文件图标

【说明】

为便于后期翻译记忆库的使用，在对齐过程中，短句建议遵循以句号为单位的句句对齐；长句建议以逗号或分号为基准，不建议以大段落为一个单元格。

2.4.3　翻译记忆库的创建

2.4.3.1　SDL Trados翻译记忆库创建和导入

1. 任务描述

（1）使用SDL Trados Studio 2017创建翻译记忆库。

（2）完成翻译记忆库语料的导入。

翻译记忆库是Trados中的核心模块之一。如何创建、维护与管理，是记忆库中保存最准确的内容，关系到后期项目中的翻译效率和译文质量。

2. 操作步骤

步骤1：运行SDL Trados Studio 2017，点击右下方的"翻译记忆库"视图，进入翻译记忆库界面，如图2-95所示。

图2-95　SDL Trados Studio 2017 翻译记忆库界面

步骤2：在上方"任务"菜单栏中选择"新建"，并点击"新建翻译记忆库"，进入向导菜单，如图2-96所示。

图2-96 "新建翻译记忆库"向导菜单

步骤3：填写翻译记忆库的名称、说明、版权、位置、源语言等信息，选择"下一步"，如图2-97所示。

图2-97 填写翻译记忆库基本信息

【注意】

在设置翻译记忆库语言方向对时，源语言和目标语言需与项目的语言方向对保持一致。

步骤4：为翻译记忆库指定的字段和设置。翻译记忆库默认有"源语言"和"目标语言"两个字段，当译员需要增加其他说明性字段时，可以在此步进行设置，包括字段的"名称""类型""挑选表"和"允许多个值"。若没有特殊需要设置的说明性字段，则可以直接点击"下一步"。

步骤5：选择语言资源，为此翻译记忆库选择语言资源模板或指定语言资源，然后点击"完成"，完成新翻译记忆库的创建。

步骤6：导入双语语料。选择"任务"菜单中的"导入"，进入导入向导菜单，如图2-98所示。

图2-98 翻译记忆库-导入选项

步骤7：点击"添加文件"或"添加文件夹"，添加需要导入的双语语料文件（一个或多个）。Trados翻译记忆库支持的双语语料导入文件格式包括：TMX文件、SDL XLIFF双语文档、TRADOStag文档、SDL Edit文档和对齐文件。本次实验以常见的TMX文件导入为例进行讲解。

步骤8：添加需要导入的双语语料文件（.tmx文件），点击"下一步"，为选定的TMX文件指定导入选项，选择"下一步"，如图2-99所示。

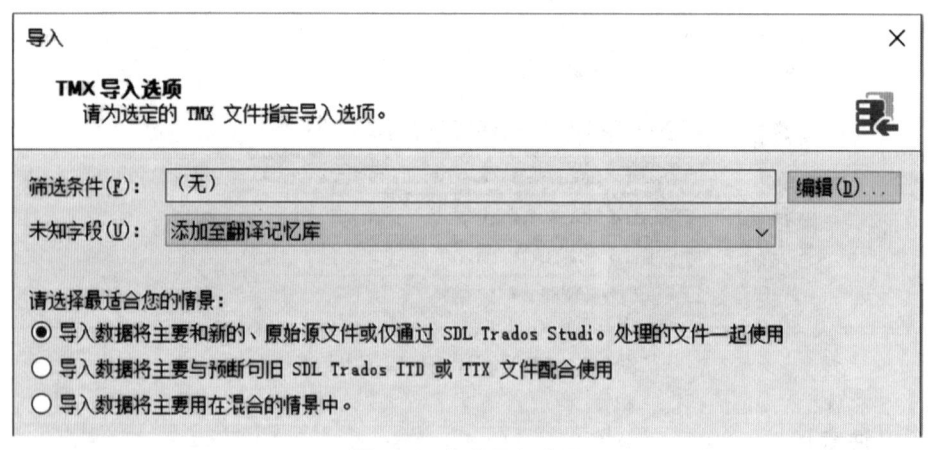

图2-99 指定导入选项

步骤9：选择当原文句段相同、目标句段不同时的处理方式，点击"完成"，如图2-100所示。

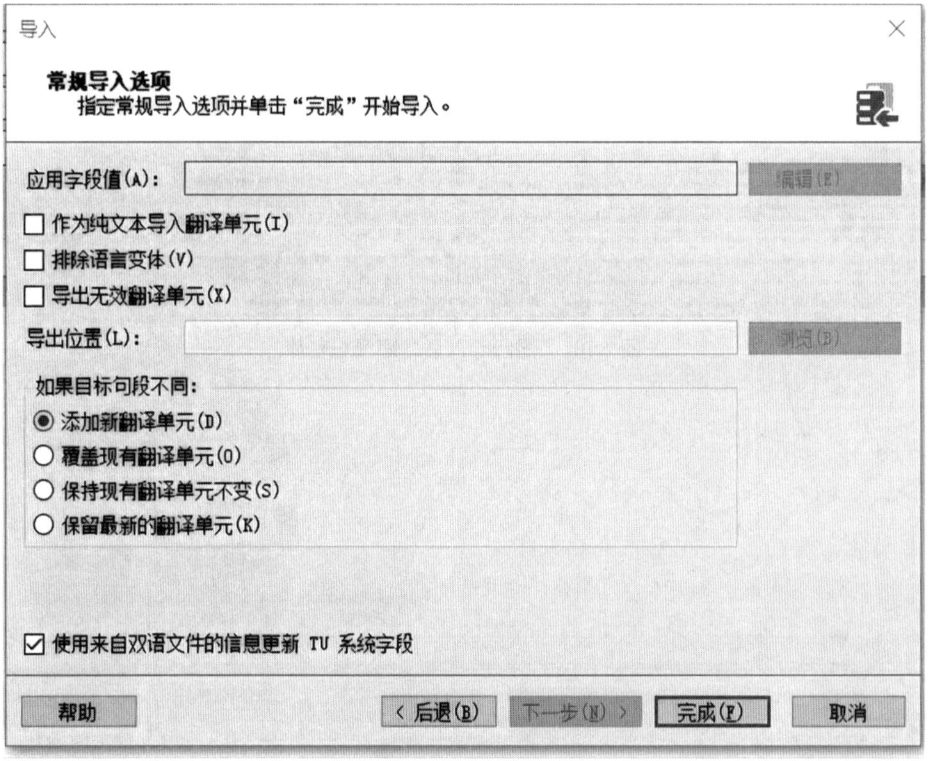

图2-100　指定常规导入选项

【说明】

（1）添加新翻译单元：并不覆盖原来的翻译单元，而是新增一条新的翻译单元。这就意味着用户在匹配这句原话时，会出现"一句多译"的现象。

（2）覆盖现有翻译单元：使用即将导入的翻译单位，覆盖原有的内容。

（3）保持现有翻译单元不变：摒弃即将导入的翻译单元，而保留原有的内容。

（4）保留最新的翻译单元：每个翻译单元都具有"修改时间"的属性，记录了翻译单元被最后一次修改的时间。选择该项导入时，Trados会比对翻译单元的修改时间，且自动保留最新的那一个翻译单元。

步骤10：系统开始将语料数据导入翻译记忆库，完成后显示导入的情况，确认后点击"关闭"。

步骤11：系统自动打开已导入语料的翻译记忆库，用户可以对语料内容进行搜索、添加、删除、修改、查找并替换等操作，如图2-101所示。

图2-101　显示导入后的翻译记忆库

第三章

译中技术实践

3.1 计算机辅助翻译技术

3.1.1 计算机辅助翻译技术的基础知识

计算机辅助翻译（computer-aided translation，CAT）技术是指利用计算机和相关软件来协助人类翻译的过程。它并不是完全由计算机自动完成翻译的，而是通过计算机提供的工具和资源来辅助翻译人员更高效、更准确地完成翻译任务的。

在计算机辅助翻译（CAT）领域，人们通常将CAT技术分为广义和狭义两种。广义的CAT覆盖了更广泛的范围，包括任何利用计算机辅助进行翻译的活动。这种广义的概念可以包括使用翻译记忆、术语库、机器翻译等技术，以及任何其他计算机工具或资源，来辅助人类翻译的过程；也可包括与翻译相关的其他自然语言处理技术；甚至还包括打印机、扫描仪等技术工具，它们可以实现译前的文本转换工作。狭义的CAT更专注于特定的CAT工具和技术，如翻译记忆系统、术语库管理工具、机器翻译软件等。这种概念更侧重于特定的软件和系统，强调它们如何为翻译人员提供辅助，提高翻译效率和准确性。另外，需要指出的是它并非取代人工翻译，而是通过结合人类的语言能力和计算机的辅助功能，使翻译过程更高效。一般来说，广义的CAT更倾向于涵盖广泛的翻译辅助技术和资源，而狭义的CAT则更专注于特定的CAT工具和软件。本节主要讨论的是译中环节，可以辅助译员完成翻译工作的技术工具或功能部分，属于狭义的CAT技术范畴，主要包括以下四个方面。

翻译记忆（translation memory）：存储已翻译的句子对，当类似内容再次出现时提供已有的翻译，以确保一致性和提高效率。

术语库（terminology database）：包含特定行业或领域的术语及其翻译，帮助翻译人员使用统一的专业术语。

机器翻译（machine translation）：利用机器翻译引擎自动翻译文本，为翻译人员提供参考。

质量评估工具（quality assessment tools）：用于检查翻译质量，确保翻译的准确性和流畅性。

3.1.2 主流计算机辅助翻译软件

计算机辅助翻译（CAT）软件的发展历程可以追溯到计算机技术与翻译行业融合的初期阶段，主要发展包括以下几个阶段。

3.1.2.1 早期阶段（20世纪50年代到70年代）

1954年，IBM推出了首个机器翻译实验项目，名为"Georgetown-IBM实验"。这是早期机器翻译研究的标志性项目之一，尽管其结果并不理想，但为后来机器翻译和CAT技术的发展奠定了基础。

20世纪70年代初，早期的翻译记忆系统出现了，目标是将先前的翻译结果存储并在类似的句子出现时进行复用。

3.1.2.2 成熟阶段（20世纪80年代到90年代）

20世纪80年代末和90年代初，随着个人计算机的普及和技术的进步，CAT软件开始出现。软件如Wordfast、SDL Trados等开始崭露头角，它们首次提供了翻译记忆和术语库管理等功能。1987年，第一个全功能的在线机器翻译系统MT-Server诞生，实现了基于互联网的机器翻译服务。到了20世纪90年代中期，随着互联网的普及，CAT软件开始支持在线协作和云端存储，为多人合作翻译提供了便利。

3.1.2.3 现代阶段（20世纪头10年至今）

20世纪头10年至今，CAT软件的功能和性能不断改进。现代CAT软件（如memoQ、Across等）提供了更强大的翻译记忆、术语管理、机器翻译等功能，并且支持更多的文件格式。

机器学习和人工智能的发展也为CAT技术带来了新的可能性，一些CAT软件开始整合机器翻译技术，并采用更智能化的翻译记忆和建议功能，提高了翻译的效率和质量。

总体来说，CAT软件分为基于浏览器/服务器端（browser/server，B/S）的结构和基于客户端/服务器端（client/server，C/S）的软件系统体系结构。目前，国内外的主流计算机辅助翻译软件见表3-1所列。

表3-1 主流CAT工具一览表

名称	所属公司	特点	体系结构
SDL Trados Studio	SDL	强大的翻译记忆和术语管理 多格式文件处理能力 广泛的行业认可和支持 价格较高 某些功能可能对个别用户来说过于复杂	C/S
memoQ	Kilgray	相对简洁的用户界面 强大的术语管理和翻译记忆 良好的文件格式支持 需要购买许可证 某些高级功能可能需要额外付费	C/S
Wordfast	Wordfast	可在多个平台上使用（Windows、Mac、Linux） 相对较低的价格 轻量级且易于上手 功能相对较少，不如其他一些CAT工具那么全面	C/S
OmegaT	OmegaT Team	免费且开源 轻量级且易于安装和使用 可以根据需求进行自定义和扩展 功能相对单一	C/S
Déjà Vu	OmegaT Team	翻译文档自动保存 界面简介直观、原文与译文左右对称 多文件可以在一个界面内进行翻译操作 项目管理功能较弱	C/S
雪人	佛山市雪人计算机有限公司	实时原文、译文预览 2023版申请通过后免费使用软件的全功能 功能较为齐全	C/S
Transmate	成都优译信息技术股份有限公司	个人免费使用 实时翻译记忆 集项目管理、翻译、校对、排版等功能 可自定义数据库 不支持协同翻译	C/S
云译客	传神语联网网络科技股份有限公司	含谷歌、百度等众多机器翻译引擎 集人机共译、订单广场、译客社区于一体的一站式智能翻译空间	C/S
YiCAT	上海一者科技有限公司	在线翻译管理平台，不限时间地点，不限操作设备 集合多种机器翻译引擎，需购买虚拟币支付机器翻译 界面清爽 译审同步	B/S

以上 CAT 软件、系统在商业服务和客户服务方面都有着各自的优势和劣势。译员可以通过客户的特定需求、项目规模、预算以及对特定功能的需求选择合适的工具辅助翻译。

3.2 翻译项目管理

3.2.1 翻译项目管理的基础知识

3.2.1.1 翻译项目管理的特征

项目是为了达成特定目标而规划、执行和完成的临时性工作。它通常具有以下特征：

1. 时限性

项目有着明确的开始和结束时间，不同于日常运营工作，它是一个有限期的活动，需要在特定的时间框架内完成，具有明显的阶段性。

2. 独特性

每个项目都是独特的，具有独特的目标、范围和交付成果。

3. 目标导向

项目的目的是实现特定的目标或交付特定的成果，不仅仅是过程中的活动或者任务。要求在项目开启前就明确项目的目标和期望成果，在执行过程中需要持续监控过程，以保证目标的实现。

4. 资源约束

项目在完成目标时需要合理利用有限的资源，如时间、资金、人力和设备等。

5. 跨领域性

项目可能涉及跨越不同部门、领域或技术的工作，需要不同领域的专业知识。

6. 风险管理

项目可能面临各种风险和不确定性，需要进行风险评估和管理。

3.2.1.2 翻译项目管理包括的知识领域

项目可以是各种规模和类型，从小规模的任务到大型工程，从商业项目到科研项目等。项目管理是为了有效地规划、组织、管理和控制这些项目的过程，确保它们按时、按预算、按质完成，并达到预期的目标。无论是在商业、科技、建筑、医疗还是其他领域，项目管理都是确保项目成功完成的关键。

根据项目管理领域的国际认证机构（project management institute，PMI）的《项目管理知识体系指南》（PMBOK），项目管理包括以下十大知识领域。

1. 整体项目管理（project integration management）

整体项目管理负责整合项目各个方面，确保项目各部分协调一致，以达成项目目标。

2. 范围管理（project scope management）

范围管理确定项目目标和交付成果，并管理项目范围的变更。

3. 时间管理（project time management）

时间管理制订项目进度计划，确保项目按时完成。

4. 成本管理（project cost management）

成本管理预算和控制项目成本，确保项目在预算范围内完成。

5. 质量管理（project quality management）

质量管理确保项目交付的成果符合质量要求，满足相关标准和期望。

6. 人力资源管理（project human resource management）

人力资源管理有效管理项目团队，招聘、培训、激励和管理团队成员。

7. 沟通管理（project communication management）

沟通管理确保项目信息的及时传递和沟通，保持利益相关方之间的良好沟通。

8. 风险管理（project risk management）

风险管理识别、评估和应对项目风险，制定风险应对策略，确保项目成功。

9. 采购管理（project procurement management）

采购管理规划、执行和控制与项目采购相关的活动，确保采购活动符合项目要求。

10. 相关方管理（project stakeholder management）

相关方管理识别、管理和满足项目相关方的需求和期望，确保他们对项目的支持和参与。

这些知识领域涵盖了项目管理的主要方面，项目经理需要在这些领域中展现出专业的知识和技能，以确保项目的成功实施。

3.2.1.3 翻译项目管理的特点

翻译项目过程是指根据翻译项目的特征和要求，所有团队人员综合地运用知识、技能、工具和技术，经过策划、组织、指导和控制翻译所需要的各种资源，灵活和有效地进行项目管理并达到翻译质量最优、交稿速度最快、客户满意度最高的过程。

翻译项目管理具有三个特点：独特性、临时性和渐进明细性。

1. 独特性

每次翻译活动所需要的内容可能不同，译员不同，服务对象不同，因此每个翻译项目都是独特的。

2. 临时性

每个翻译项目具有明确的启动和结束时间，而不代表项目持续时间的长短，每个项目都具有独特的项目周期。

3. 渐行明细性

项目管理是一个持续的过程，所有需要的活动或工作都是逐渐明确、逐渐详细，并不断调整变更的。

3.2.1.4 翻译项目管理的核心三要素

翻译项目管理核心三要素包括：

（1）资源的准备：语言资源和人力资源；（2）项目的生产和管理：翻译管理系统（translation management system, TMS）；（3）项目跟踪和成员沟通：建立跟踪体系。

3.2.1.5 翻译项目管理的流程

一般翻译项目的流程分为3个阶段：准备阶段、实施阶段和收尾阶段。准备阶段完成项目的启动会和项目计划撰写；实施阶段完成翻译和编辑、审校和检查、排版与语言签收；收尾阶段完成项目产品的交付、项目表现的评价、文件的归档和项目的总结，如图3-1所示。

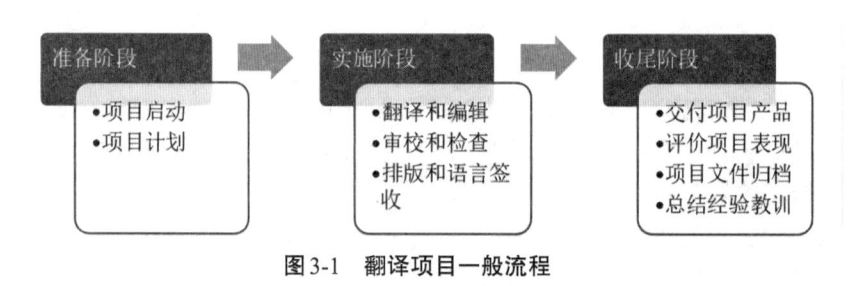

准备阶段
- 项目启动
- 项目计划

实施阶段
- 翻译和编辑
- 审校和检查
- 排版和语言签收

收尾阶段
- 交付项目产品
- 评价项目表现
- 项目文件归档
- 总结经验教训

图3-1 翻译项目一般流程

在实施层面，项目经理善用翻译项目管理工具，可以提高翻译效率。

3.2.2 翻译项目管理工具的运用

翻译项目管理系统（TMS）是指将企业职能部门、项目任务、工作流程和语言技术整合为一体，以支持大规模的翻译活动，可有效协调价值链上各参与方活动的平台（图3-2）。TMS以信息技术为基础，结合先进的管理理念，旨在对翻译项目各个环节进行科学化、规范化和流程化的管理。

翻译项目管理工具可以帮助项目经理管理翻译项目的各个方面，包括文件管理、团队分工协作、翻译质量控制、术语管理等。一般来说，功能强大的CAT软件一般都集成了翻译项目管理的功能。

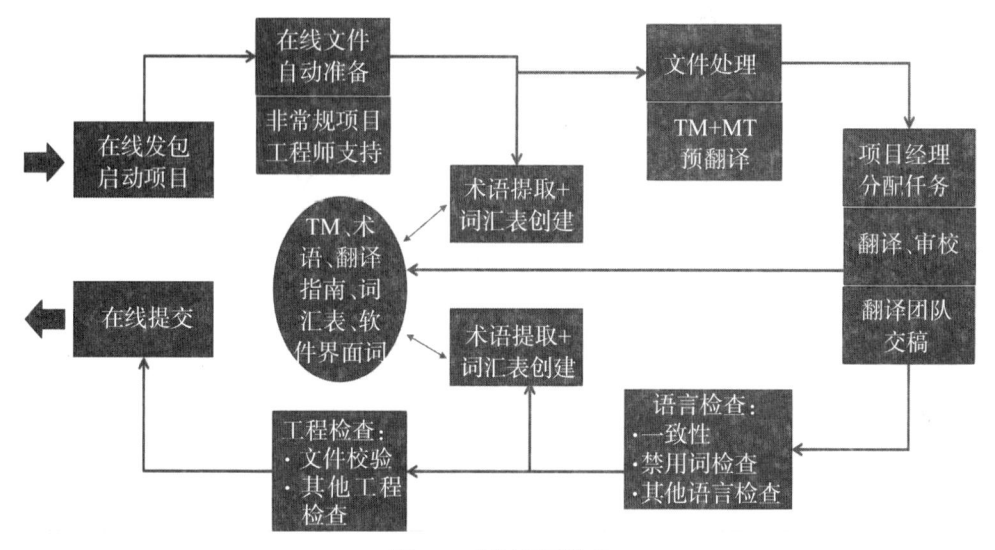

图 3-2 翻译项目管理

下面分别就YiCAT与SDL Trados studio实现翻译项目创建进行说明。

3.2.2.1 YiCAT系统上的翻译项目管理

YiCAT在线翻译管理平台是由上海一者信息科技有限公司自主研发、基于语料大数据的在线翻译管理平台。该平台操作简单、运行流畅，具有多语种和多格式支持、依托海量优质记忆库与术语库、实时掌控翻译项目进度、高效团队管理及多人协同翻译、文档拆分与任务分配、译审同步、MT+PE等特点。

1. 官方网址

https：//www.yicat.vip/

2. 任务描述

（1）使用YiCAT新建一个翻译项目，并设置项目信息、预翻译和QA规则。

（2）添加或者新建翻译记忆库、术语库等语言资源。

（3）查看、设置翻译项目信息。

（4）对待译文件进行翻译或者审校任务的拆分。

3. 操作步骤

步骤1：在左侧菜单栏点击"项目管理"-"新建项目"，如图3-3所示。

图 3-3　新建项目

步骤2：填写项目信息。依次填入项目名称，设置截止日期、项目源语言和目标语言，如图3-4所示。YiCAT的翻译流程分为仅翻译、翻译+审校、译后编辑三类，可以根据需要选择流程。

预翻译开启设置，如需开启，勾选"预翻译" ☐ 预翻译，默认为不开启。预翻译调用的资源顺序：预翻译将优先匹配用户的自有记忆库，若无记忆库匹配，则调用机器翻译结果（需付费使用）；若已开启交互式机器翻译，译文栏仅自动填充记忆库结果。

图 3-4　项目创建页面

步骤3：操作翻译记忆库。项目在新建时或者创建好之后，可以启用已有的翻译记忆库，也可以在创建时新建翻译记忆库。启用翻译记忆库，如图3-5所示。

图 3-5　项目管理中的翻译记忆库启用选项

【说明】

图 3-5 中的"写入"启用后，翻译或审校确认后的句段，先将自动更新到此记忆库中。根据自己的需要启用/关闭该记忆库的写入功能，一个项目仅能选择一个读写记忆库，作为项目的写入记忆库。

步骤 4：新建翻译记忆库。在项目新建过程中新建翻译记忆库，将已有的本地文件（支持的文件格式有 .tmx、.sdltm、.xls、.xlsx 或者内含 .tmx、.sdltm、.xls 或 .xlsx 的 zip 文件）导入 YiCAT，文件大小不能超过 100 MB。记忆库的命名规则一般为"行业_源语言_目标语言"，如"IT_zh-CN_en-US"。再设置翻译记忆库的语言方向，点击"保存"，系统将自动导入文件内容，使之成为翻译记忆库。如果暂时没有本地的记忆库文件，则也可以跳过记忆库导入这一步骤，新建一个空的记忆库。

步骤 5：设置翻译记忆库的匹配率。最低匹配率是指调用记忆库预翻译和查询记忆库时的最低匹配率。系统默认记忆库的匹配率为 70%，可根据项目需要进行调整。

步骤 6：术语库设置。在新建项目时或项目创建好后，启用已有的术语库，或新建术语库，或启用 QA 术语库，如图 3-6 所示。QA 术语库为质量检查的标准术语库。若设定一个术语库为 QA 术语库，并在质量保证中勾选"术语不一致"，系统将会对译文进行自动术语 QA 验证，确保术语一致性。译员不可在 QA 术语库中修改和删除术语，或添加新术语。

图 3-6 启用术语库

步骤 7：启用术语库。若平台上已有存储的术语库，则可在对应的术语库勾选"启用"，启用术语库后，将在翻译或者审校的时候自动查询出匹配结果。

步骤 8：新建术语库。点击"新建术语库"后，弹出对话框，依次填入术语库名称、本地术语文件导入（可选）、语言方向，如图 3-7 所示。其中，本地的术语导入文件支持 .tbx、.xls、.xlsx 或 .txt（制表符分割）文件格式导入，大小不超过 10 MB。也可以跳过术语库导入步骤，跳过后，一个空的术语库文件就建立了。

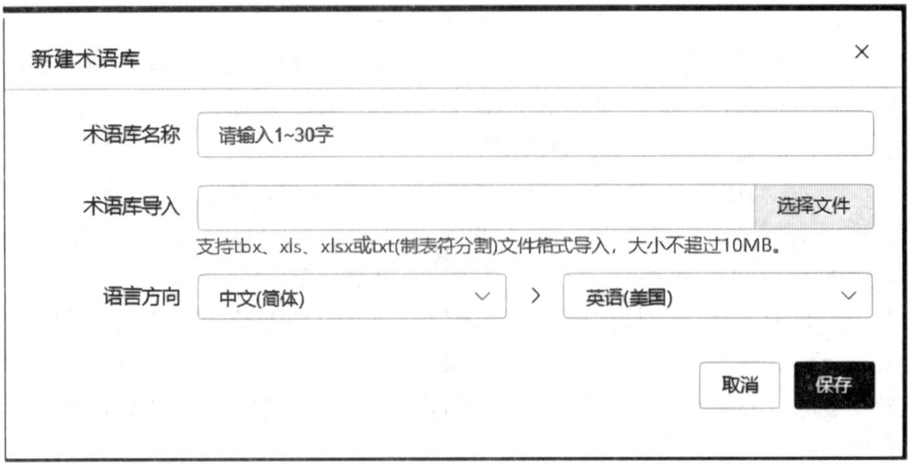

图3-7 新建术语库

步骤9：机器翻译设置。YiCAT内设多种机器翻译引擎，在新建项目时或项目创建好后，可以设置机器翻译是否启用，如图3-8所示。如果选择不启用，系统在翻译或者审校过程中，就不会调用机器翻译的结果。团队版每天有一定的免费额度，超出后将扣除团队创始人账号的余额。个人版没有额度，根据需要购买。

图3-8 机器翻译设置

步骤10：质量保证规则设置。系统支持自己设置质量保证的规则，并内置了9条规则，通过勾选是否启用，并通过设置"严重级别"（轻微错误、一般错误和严重错误），在翻译和审校过程中减少低端错误的发生。前5种默认勾选，也可以自由取消，如图3-9所示。

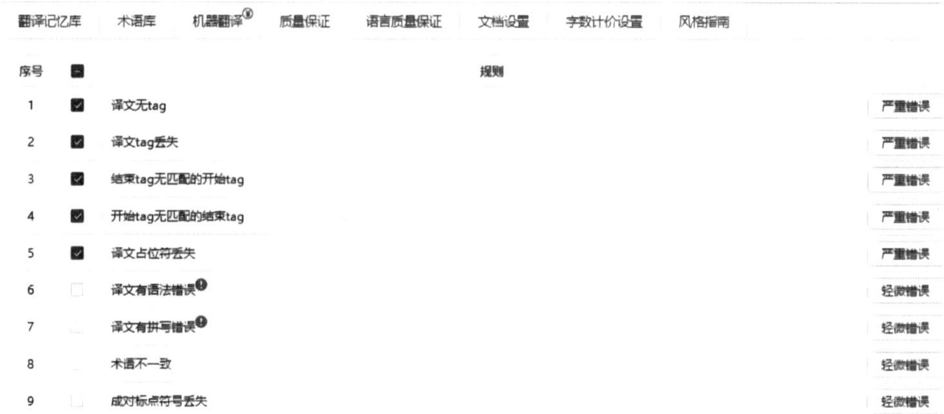

序号		规则	
1	☑	译文无tag	严重错误
2	☑	译文tag丢失	严重错误
3	☑	结束tag无匹配的开始tag	严重错误
4	☑	开始tag无匹配的结束tag	严重错误
5	☑	译文占位符丢失	严重错误
6	☐	译文有语法错误	轻微错误
7	☐	译文有拼写错误	轻微错误
8	☐	术语不一致	轻微错误
9	☐	成对标点符号丢失	轻微错误

图3-9　质量保证规则设置

若项目开启质量保证，则需确认句段的译文是否触犯相应规则。YiCAT将在不符合规则的句段右侧添加▲（轻微错误）、▲（一般错误）、▲（严重错误）三种图标提醒，如图3-10所示。

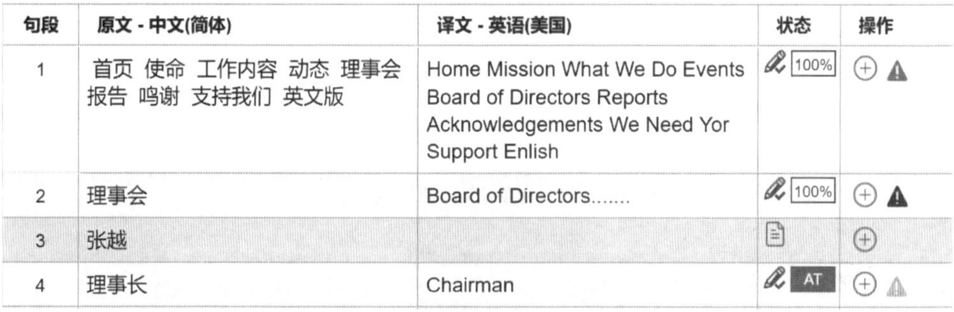

句段	原文 - 中文(简体)	译文 - 英语(美国)	状态	操作
1	首页 使命 工作内容 动态 理事会 报告 鸣谢 支持我们 英文版	Home Mission What We Do Events Board of Directors Reports Acknowledgements We Need Yor Support Enlish	100%	
2	理事会	Board of Directors.......	100%	
3	张越			
4	理事长	Chairman	AT	

图3-10　质量保证的错误类型

步骤11：语言质量保证罚分规则启用和设置，如图3-11所示。系统可以设置启用语言质量保证，启用后，当审校人员修改并确认句段时，系统将自动弹出语言质量保证弹框。审校人员需在弹框中添加错误类型和严重级别。

项目完成后，系统会生成语言质量保证报告，可在“项目管理-项目列表-详情-语言质量报告”中查看。

图 3-11 语言质量保证罚分规则

步骤 12：待译文档的属性设置。在新建项目时，可以对某些待译文档勾选的内容进行导入设置，该设置仅能在新建项目时进行勾选，如图 3-12 所示。项目创建完成后，不可进行修改。支持的文档类型为 Word 格式文档、PPT 格式文档、Excel 格式文档、IDML 文档、CAD 图纸文件。

图 3-12 项目的文档属性设置

【说明】

当待译文件为 Word 格式时，YiCAT 将默认勾选翻译页眉页脚和翻译批注选项，若不希望翻译这两部分或任一部分，可取消勾选；也可勾选翻译隐藏内容和翻译文档属性，勾选后，系统将自动解析文本中的隐藏内容和文档属性；若译后文档格式无须和源文档保持一致，则可勾选清洗格式，清除源文档中所有格式标签，导出纯文本文件。

当待译文件为 PPT 格式时，YiCAT 将默认勾选翻译批注和翻译备注选项，若不希望翻译这两部分或任一部分，可取消勾选；还可以勾选翻译文档属性，以实现相应功能，勾选后，系统将自动解析文本中的文档属性。

当待译文件为Excel格式时，YiCAT将默认勾选翻译批注，若不希望翻译这部分内容，可取消勾选；还可以勾选翻译工作表名、翻译图形文本（内嵌至图片中的文本信息）、翻译隐藏内容和翻译文档属性，勾选后，系统将自动解析文本中的隐藏内容和文档属性；若原文中的部分单元格不需要翻译，可用给出颜色中的一种或几种为相应内容添加背景色，然后勾选跳过应用所选背景色的单元格，系统将不会解析对应颜色的单元格文本信息。

项目文档为IDML格式时，可以勾选翻译附注和翻译隐藏图层，勾选后，系统将自动解析文本中的附注和隐藏图层。

项目文档为.dwg和.dxf格式时，YiCAT将默认勾选非译元素（数字和符号）选项，若不希望翻译这一部分，可取消勾选。

步骤13：字数计价设置。YiCAT提供项目的字数计价功能，可以根据匹配类型设置字数的百分比。如果是新字，则可以设置100%计入。如果记忆库匹配率为某一个区间，则设置相应的字数百分比。不过需要注意的是，记忆库匹配率的字数计价需要启用预翻译，任务计价字数才会生效。

步骤14：查看项目详情。在项目列表中，可以选中当前项目查看"详情"，获取项目的具体信息，包含项目文件、项目统计、报价、设置和汇总5个部分，如图3-13所示。

图3-13 查看项目详情

步骤15：查看文件信息。点击项目的"详情"按钮后，直接进入项目的文件信息页面，可以查看项目的状态、流程、进度、总字数、语言方向、创建时间、截止时间和创建人、文件数等信息。如果需要添加新的待译文件，则可以使用"上传文件"功能，如图3-14所示。

图 3-14　查看项目待译文件信息

在文件中查看页面，还可以对项目下的文档进行快速分配，操作方法为勾选需要分配的文件，选择分配的类型，可以选择翻译或审校。

步骤 16：在图 3-15 处点击"快速分配"，进行任务分配。

图 3-15　开启项目快速分配

点击"下一步"后，可以查看成员在 YiCAT 的翻译业务情况，如图 3-16 所示。

图 3-16　待译文件的快速分配

或者对项目里的某个文件进行任务分配，如图3-17所示。

图3-17　分配任务

根据译员人数，选择拆分的份数，拆分的规则可以是按句段或者按字数拆分，确认无误后点击"开始拆分"，如图3-18所示。

图3-18　任务分配中的拆分设置

拆分的结果按照任务逐个进行翻译任务的分配。

审校任务的分配与翻译任务分配几乎一致，区别在于图标填充颜色为紫色，如图3-19所示，此处不再赘述。

图3-19 审校任务分配

步骤17：查看统计信息。点击"统计"，可以查看项目的统计信息，包括句段数、字符数（不计空格）、字数、中朝字符、空格数、数字和符号，如图3-20所示；还可以在右侧设置区自行设置统计维度，可选择某一/某几个/全部项目文件的原文或译文进行统计并生成报告。

生成报告后可点击统计表格右上角的蓝色标志"下载统计报告"来下载.xls格式统计报告。

图3-20 项目的统计信息页面

步骤18：查看报价信息。根据新建项目步骤中的字数计价进行设置，"报价"页面显示报价信息。

步骤19：项目设置。新建项目环节已对项目进行了设置，此处可以进行修改，如图3-21所示。在设置界面，我们将会看到与新建项目时相似的界面。除源语言、目标语言、翻译流程和文档设置不支持修改以外，其他信息均可修改调整。信息修改后，需单击右上方或底部的"保存"键，保存修改后的设置。

图3-21 项目设置

步骤20：汇总设置。汇总页面与文件页面的内容几乎一致，可以对项目信息的字段进行勾选与取消。

3.2.2.2 SDL Trados Studio 创建&管理离线翻译项目

1. 任务描述

（1）项目经理创建翻译项目，设置项目语言、翻译记忆库、术语库、机器翻译等。

（2）根据译员数量创建项目文件包，发送给译员。

翻译项目的离线管理主要流程如图3-22所示。

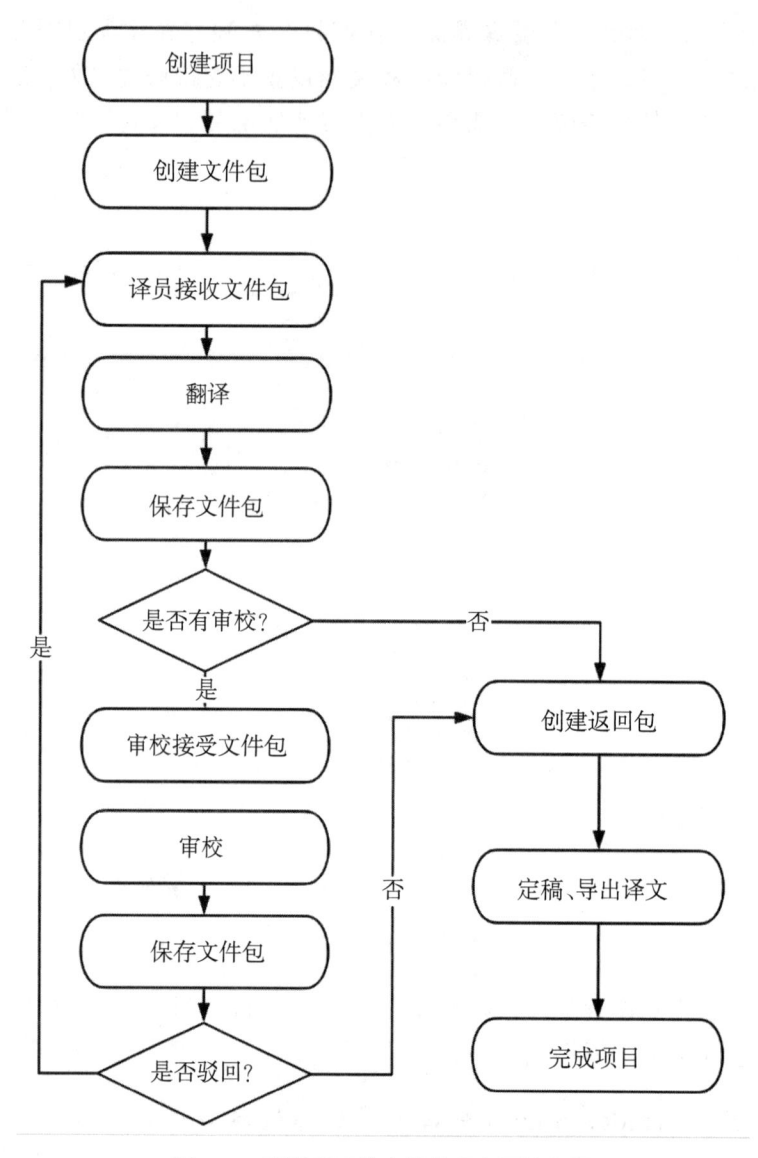

```
                    ┌──────────┐
                    │ 创建项目 │
                    └────┬─────┘
                         ↓
                    ┌──────────┐
                    │创建文件包│
                    └────┬─────┘
                         ↓
               ┌──→ ┌──────────────┐
               │    │译员接收文件包│
               │    └──────┬───────┘
               │           ↓
               │    ┌──────────┐
               │    │   翻译   │
               │    └────┬─────┘
               │         ↓
               │    ┌──────────┐
               │    │保存文件包│
               │    └────┬─────┘
               │         ↓
               │      ◇是否有审校?◇──否──┐
               │         │是             │
               │    ┌──────────────┐     │
               │    │审校接受文件包│     │
               │    └──────┬───────┘     │
               │           ↓             │
               │    ┌──────────┐         │
               │    │   审校   │         │
               │    └────┬─────┘         ↓
               │         ↓          ┌──────────┐
               │    ┌──────────┐    │创建返回包│
               │    │保存文件包│    └────┬─────┘
               │    └────┬─────┘        ↓
               是        ↓          ┌────────────┐
               └──◇是否驳回?◇──否──→│定稿、导出译文│
                                    └─────┬──────┘
                                          ↓
                                    ┌──────────┐
                                    │ 完成项目 │
                                    └──────────┘
```

图3-22　翻译项目的离线管理主要流程图

2. 操作步骤

步骤1：项目经理打开 SDL Trados Studio 2017，选择菜单中的"文件"-"新建"-"新建项目"，进入新建项目向导菜单，如图3-23所示。

图 3-23　新建翻译项目选项

步骤 2：在新建项目向导菜单选择"根据项目模板创建项目"，然后点击"下一步"，如图 3-24 所示。

图 3-24　创建目标

步骤 3：填写项目"名称""说明""位置"以及"允许编辑原文""到期日""客户"等信息，然后点击"下一步"，如图 3-25 所示。

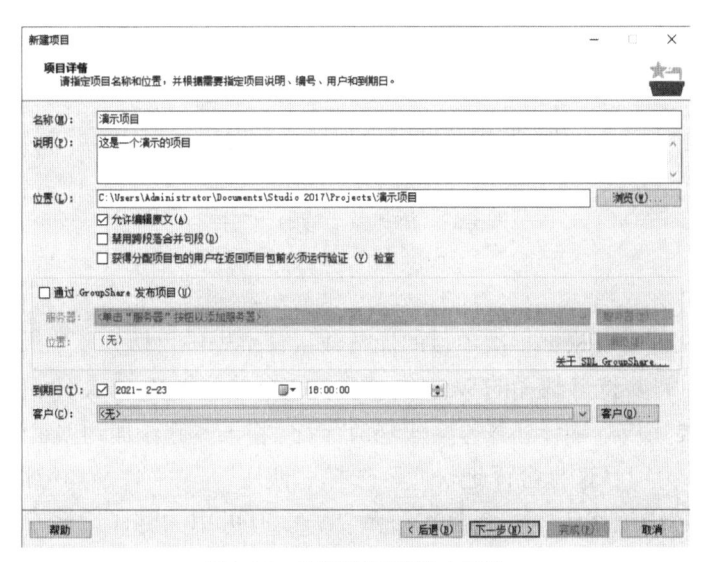

图 3-25　设置项目的基本信息

步骤4：选择项目源语言与1个或多个目标语言，点击"下一步"，如图3-26所示。

图3-26 选择源语言和目标语言

步骤5：添加项目文件或文件夹，将待翻译的多个文件添加到项目中，然后点击"下一步"，如图3-27所示。

图3-27 添加多个待翻译文档

【注意】

待翻译文件需要根据本次项目的译员数量，事先进行切分。如果本次项目有3位译员，则需要将待翻译的Word文件分为3个单独的Word文件，每个文件为每位译员需要完成的翻译任务原文。这3个文件将被一起添加到项目任务中。

步骤6：为项目选择翻译记忆库。选择"使用"-"文件翻译记忆库"，选择需要使用的翻译记忆库，如图3-28所示。若没有可用的翻译记忆库，则可选择"创建"-"文件翻译记忆库"进行创建。

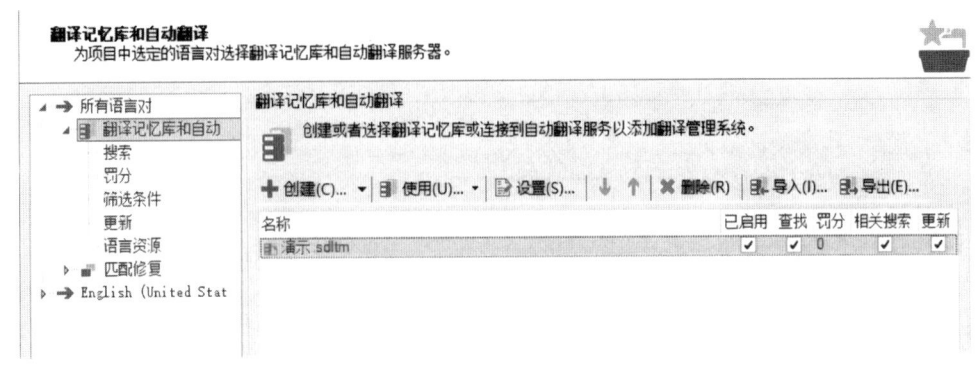

图3-28　设置翻译记忆库

步骤7：为项目选择机器翻译。本实验以加载"小牛机器翻译"为例进行讲解。在小牛翻译官网https：//niutrans.com/Application下载小牛机器翻译的Trados 2017插件，下载后按照插件说明安装小牛翻译插件，如图3-29所示。

图3-29　下载小牛翻译SDL Trados Studio 2017插件

【注意】
插件安装完成后，需重新启动SDL Trados Studio 2017软件。

步骤8：在小牛翻译官网https：//niutrans.com/上注册账号，注册完成后登录，在"个人中心"进行姓名、联系电话和联系邮箱等信息的认证，然后获取API-KEY，如图3-30所示。

图3-30 小牛翻译个人中心的API-KEY

步骤9：返回SDL Trados Studio 2017项目设置向导菜单的"翻译记忆库和自动翻译"界面，选择"使用"-"Niu Trans-toolkit Trados Plugin（free V1.0.1）"，如图3-31所示。

图3-31 设置小牛翻译的机器翻译插件

步骤10：在弹出的机器翻译插件窗口，填入上一步中注册申请的小牛机器翻译的API-KEY，点击"确定"，如图3-32所示。

图3-32 填入小牛翻译个人APIKEY

步骤11：返回SDL Trados Studio 2017项目设置向导菜单的"翻译记忆库和自动翻译"界面，已完成翻译记忆库和小牛机器翻译的添加，然后点击"下一步"，如图3-33所示。

图3-33 翻译记忆库和机器翻译设置完成

【注意】
请确认添加的翻译记忆库的"已启用"和"更新"状态为"√"，确保项目实施过程中启用翻译记忆库，同时能写入翻译确认的句段内容。

步骤12：添加术语库。选择"使用"-"基于文件的MultiTerm术语库"，选择需要使用的术语库，如图3-34所示。

图3-34 设置本地术语库

步骤13：设置PerfectMatch。为项目中的每个翻译文件添加以前翻译的双语文档，如果没有以前翻译过的双语文档，可直接点击"下一步"，如图3-35所示。

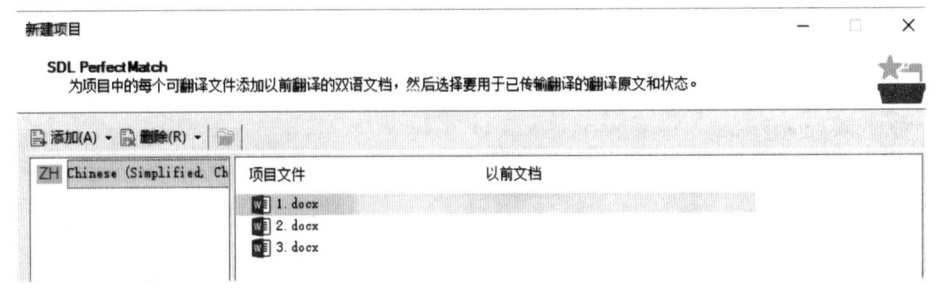

图3-35 设置PerfectMatch

步骤14：设置项目准备。选择要在创建项目时运行的预定任务序列，或创建自定义任务序列，默认的批任务包括"转换为翻译格式""复制到目标语言""应用PerfectMatch""预翻译文件"和"分析文件"五项，然后点击"下一步"，如图3-36所示。

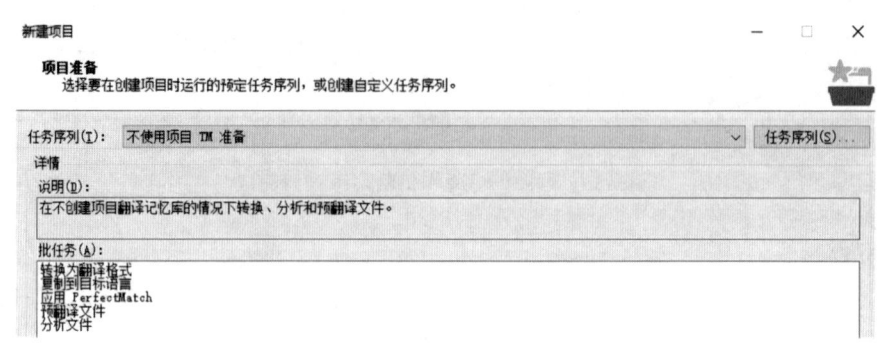

图3-36 选择预定的任务序列

步骤15：检查选定任务的项目设置，然后点击"下一步"。
步骤16：项目汇总。再次确认项目的选项和设置是否正确，然后点击"完成"，开始创建项目，如图3-37所示。

图3-37 确认项目汇总信息

步骤17：等待项目创建完成后，确认是否有错误或警告信息，然后点击"关闭"，完成项目创建。

步骤18：返回SDL Trados Studio 2017项目列表界面，刚创建的项目已在项目列表中。选择"文件"视图进入项目文件列表，项目创建的三个待翻译文档已在列表中。选择第一个文件，在"文件包"工具栏中点击"创建项目文件包"按钮，进入创建项目文件包向导菜单，如图3-38所示。

图 3-38　文件列表-创建项目文件包

步骤19：选择文件，检查需要包含在项目文件包中的待翻译文件，点击"下一步"，如图3-39所示。

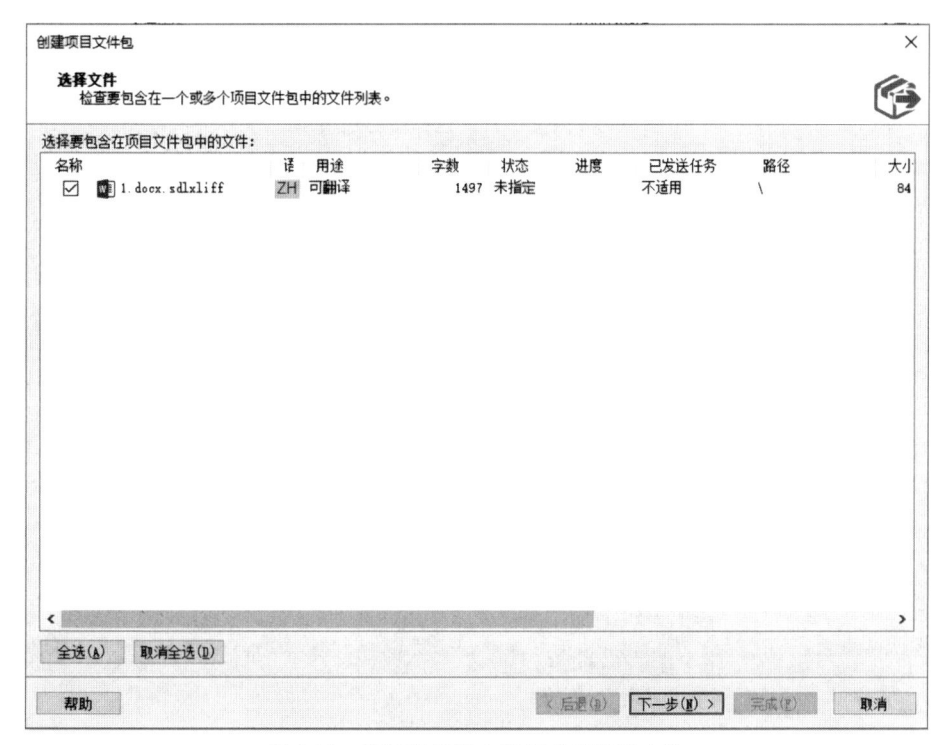

图 3-39　选择要创建文件包的待翻译文件

步骤20：为项目文件包选择存放的目标文件夹，然后点击"下一步"，如图3-40所示。

图3-40 为项目文件包指定存放目录

步骤21：为项目文件包分配译员，并指定翻译任务和到期日，然后点击"下一步"，如图3-41所示。

图3-41 分配译员和翻译任务

【注意】

如果译员未在用户列表中,则可以点击"用户"按钮添加相关的译员信息,然后再在用户列表中添加此译员。

步骤22:为项目文件夹设置是否包含翻译记忆库,以及是否重新计算字数和分析统计数据。在"文件资源"下面勾选"主翻译记忆库"和"术语库",这样在创建项目文件包时可以将项目创建时加载的主翻译记忆库和术语库一起包含在项目文件包里,以便译员在翻译中使用同一套翻译记忆库和术语库,以保证多位译员翻译风格和内容的一致性,然后点击"完成",开始创建项目文件包,如图3-42所示。

图3-42 设置文件资源及相关内容

步骤23:项目文件包创建完成后,确认是否有错误或警告信息,然后点击"关闭",结束项目文件包的创建。

步骤24:重复步骤18~23,完成所有待翻译文件的项目文件包创建。然后在 SDL Trados Studio 2017 文件列表左侧可以看到创建的三个翻译任务,如图3-43所示。

图3-43 创建完成后的三个翻译任务示例

步骤25：打开项目所在文件夹，可以看到刚创建的三个项目文件包（.sdlppx 文件），如图3-44所示。使用邮件或FTP等文件发送方式，将项目文件包发送给相关的项目接收人员（译员）。如果使用Outlook邮箱发送文件包，也可以在项目文件包创建完成的最后一步点击"通过电子邮件发送文件包"，直接发送文件包，如图3-45所示。

名称	修改日期	类型	大小
演示项目_1-2021223-17h7m20s.sdlppx	2021-2-23 17:07	SDL Trados Studio Project Package	470 KB
演示项目_2-2021223-17h7m55s.sdlppx	2021-2-23 17:07	SDL Trados Studio Project Package	725 KB
演示项目-2021223-17h3m36s.sdlppx	2021-2-23 17:03	SDL Trados Studio Project Package	420 KB

图3-44　创建完成的三个项目文件包示例

图3-45　通过电子邮件发送文件包

【注意】

SDL Trados默认使用Outlook发送文件包，项目经理需要在创建项目文件包添加用户时（本实验项目步骤21），添加其邮箱信息，且事先完成Outlook邮箱的相关设置。

至此，项目经理创建项目、创建项目文件包和分发翻译任务的工作已完成，译员接到项目任务开始进行翻译工作。

3.3　机器翻译技术

3.3.1　基础知识

机器翻译（MT）技术是利用计算机和算法来实现自然语言之间的翻译，主要依赖于统计学和自然语言处理等技术，实现不同语言之间的快速翻译。它与计算机辅助翻译技术既有联系，又有区别。两者都涉及利用计算机技术来帮助翻译文本，以提高翻译的效率和准确性；目的都在于提高翻译工作的效率，帮助翻译者更快速地完成工作。但是两者在翻译过程中扮演的角色和核心原理有所不同。首先，两者的工作方式存在区别，MT是指利用算法和模型来自动翻译文本，而CAT则更多是翻译者与计算机协作的方式，翻译者仍然是主导者，利用工具来辅助翻译过程。其次，两者的自动化程度有区别，MT更强调自动化翻译过程，通常是通过机器学习或统计模型来完成翻译。而CAT更侧重于为翻译者提供工具，让他们能够更有效地管理和翻译文本。第三，就翻译质量而言，MT的翻译质量通常取决于模型的性能和数据的质量，而CAT更多依赖翻译者的专业知识和经验，通过工具来提高翻译的一致性和效率。

3.3.2 机器翻译的基本原理

3.3.2.1 机器翻译的步骤

机器翻译的基本工作原理可以分为预处理、翻译和后处理三个步骤。

首先，对输入的原始文本进行一系列处理，包括分词、词性标注、专有名词识别等。

其次，将预处理后的文本输入机器翻译模型中，通过查找语言转换规则或者直接利用深度学习技术，生成目标语言的翻译结果。

最后，对生成的翻译结果进行必要的修正和优化，如词序调整、语态转换等。

3.3.2.2 机器翻译的分类

根据不同的技术原理和应用场景，机器翻译可以分为以下3类。

1. **基于规则的机器翻译**（rule-based machine translation，RMT）

该类型使用语言学规则、词典和语法知识进行翻译。这些系统基于人工编写的规则，准确性高，但需要耗费大量的人力和时间成本。

2. **基于统计的机器翻译**（statistical machine translation，SMT）

该类型基于大量的双语文本数据进行学习和翻译。它依赖于概率模型和统计分析，通过对平行语料库进行学习来进行翻译。基于统计的机器翻译需要大量的高质量语料库作为支撑。

3. **神经网络机器翻译**（neural machine translation，NMT）

该类型利用神经网络模型，尤其是递归神经网络（RNN）或变换器（transformer），直接将输入文本映射到输出翻译。NMT通过学习句子或短语之间的复杂关系来提高翻译质量。

3.3.3 常用的机器翻译引擎

常用的机器翻译引擎包括 Google Translate、Baidu Translate、DeepL、Microsoft Translator 等，各个机器翻译引擎厂商都在致力于提高翻译质量。随着人工智能技术的发展，2022 年大火的 OpenAI 公司的 ChatGPT 也能参与翻译任务，一些翻译软件厂商也陆续提供基于 ChatGPT 的 API 接口，供其用户选择。

3.3.3.1 常用的机器翻译引擎

Google Translate：适用于日常翻译和一般性内容，提供多种语言互译。

Microsoft Translator：适用于多种场景，包括实时翻译、文档翻译等，支持多种语言。

DeepL：擅长提供更加自然、流畅的翻译，尤其在欧洲语言之间的翻译效果较好，在专业性和语言质量上有所突出。

IBM Watson Language Translator：提供企业级翻译解决方案，支持多种语言，可用于特定领域的翻译。

Baidu Translate（百度翻译）：在中文翻译上表现良好，可用于通用翻译和日常应用。

Yandex Translate：在欧洲语言和俄语方面表现优异，适用于一般性翻译和通用场景。

3.3.3.2 不同引擎适用的领域和场景

日常应用和简单翻译：Google Translate、Microsoft Translator、Baidu Translate 等适用于日常对话、网页翻译等通用场景。

专业领域和企业级应用：IBM Watson Language Translator、DeepL 等更注重专业术语和特定领域翻译，适用于企业文件翻译、技术文档翻译等需要精准专业术语的场景。

特定语种或地区：某些引擎在特定语种或地区的翻译表现更为突出，例如，Yandex Translate 在俄语翻译上较为出色。

文档翻译和实时通信：Microsoft Translator 等提供文档翻译、实时通信等功能，适用于多种场景下的即时翻译需求。

每个引擎都有其优势和局限性，最佳选择取决于具体的翻译需求、所需语言、专业性和质量要求。在专业领域的翻译需求中，通常需要结合专业的人工翻译和定制化的翻译解决方案。

3.3.4　机器翻译的质量评估

当评估机器翻译质量时，常用的评估指标包括 BLEU（bilingual evaluation understudy）、METEOR（metric for evaluation of translation with explicit ordering）、TER（translation edit rate）。这些指标都是通过比较机器翻译结果与参考翻译之间的差异来评估翻译的准确性和流畅性。

1. BLEU

BLEU 是一种常用的机器翻译评价指标，它根据 N-gram 的匹配程度来衡量机器翻译结果与参考翻译之间的相似度。经过计算机专业人士的不断改进，它的计算方法结合了 N-gram 匹配、召回率、长度惩罚因子等因素，也有专门的 Python 代码可以实现 BLEU 值的计算。一般来说，BLEU 值介于 0 到 1 之间，越靠近 1 说明与参考译文更接近。

2. METEOR

METEOR 是另一种机器翻译评价指标，目的是解决一些 BLEU 标准中的固有缺陷。计算 METEOR 时需要给定一个基于 WordNet 的同义词库，因此它解决了 BLEU 值计算中没有考虑的同义词匹配问题。METEOR 值通常介于 0 到 1 之间，越接近 1 表示机器翻译与参考译文越接近。

3. TER

TER 是衡量机器翻译结果与参考翻译之间编辑操作的数量比例的指标。编辑操作包括插入、删除、替换等。

TER 的计算过程如下：

首先，需要对齐机器翻译和参考翻译，以确定需要编辑操作的部分是哪些。

其次，对于每个对齐的单词或短语，译员确定所需的编辑操作，统计需要编辑操作的次数。

最后，将编辑操作的数量除以参考翻译的总长度，得到编辑率值 TER。由此可知，TER 值通常在 0 到 1 之间，值越低表示机器翻译质量越好。

这些指标可以帮助评估机器翻译结果的质量，但需要注意它们都有其局限性，可能无法完全捕捉翻译质量的方方面面。因此，在评估翻译质量时，通常会结合多种指标来获得更全面的了解。

3.4　计算机辅助翻译软件中的翻译

本小节分别介绍在 YiCAT 在线翻译平台和 SDL Trados Studio 软件中的翻译操作流程和步骤。

3.4.1　YiCAT 在线翻译平台上的翻译

3.4.1.1　开始翻译

1. 任务描述

掌握两种进入翻译编辑器的方法，进入翻译编辑器开始翻译，熟悉编辑器的功能界面。

2. 操作步骤

步骤1：在 YiCAT 主界面，点击"项目管理"，在"项目列表"中找到待翻译的项目，进入项目详情后，点击想要翻译的文档，即进入编辑器界面，如图3-46所示。

句段	原文 - 中文(简体)	译文 - 英语(美国)	状态	操作
1	销售代理合同	Sales Agency Agreement	99%	⊕
2	合同号：2019040801			⊕
3	日期：2019年4月7日			⊕
4	为在平等互利的基础上发展贸易，有关方按下列条件签订本协议：			⊕
5	订约人供货人（以下称甲方）：纪美有限公司			⊕
6	销售代理人（以下称乙方）：东方贸易有限公司			⊕
7	甲方委托乙方为销售代理人，推销下列商品。			⊕
8	商品名称及数量或金额			⊕
9	双方约定，乙方在协议有效期内，销售不少于柒万的商品。			⊕
10	经销地区：只限在 中国西南 地区。			⊕
11	订单的确认			⊕
12	本协议所规定商品的数量、价格及装运条件等，应在每笔交易中确认，其细目应在双方签订的销售协议书中做出规定。			⊕

图 3-46　编辑器的翻译页面

还可以通过项目经理分配任务后，从"我的任务"下的项目列表的"去翻译"进入编辑器界面，如图3-47所示。

图3-47　团队成员进入翻译任务的界面

步骤2：查看工具栏的菜单。编辑器的工具栏如图3-48所示，依次分别是确认句段、原文复制到译文、清除译文、插入特殊字符、拆分句段、合并句段、QA设置、预翻译、查找与替换、风格指南和预览。

图3-48　工具栏

工具栏的右侧有4个菜单，即提交、导出、偏好设置和联系客服，如图3-49所示。

图3-49　右侧工具栏菜单

步骤3：查看工具栏的导出功能。YiCAT可以导出翻译、审校状态的译文或者双语文档、带跟踪修订的文档、原文或者TMX文档，如图3-50所示。

图3-50　编辑器页面的导出功能

步骤4：设置个人偏好。在偏好设置处可以勾选取消系统提供的自动填充、句段确认、快速搜索的设置，如图3-51所示。

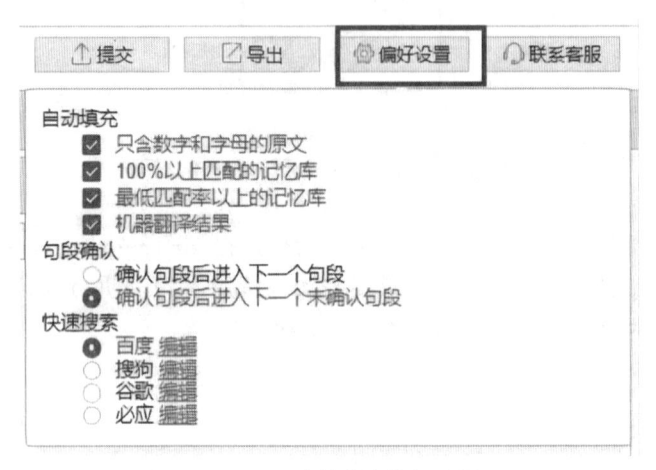

图3-51 平台的个人偏好设置

步骤5：开始翻译。编辑器主界面的左侧是原文列，右侧是译文列，如图3-52所示。翻译或者审校过程即是逐句处理的过程。当光标移至右侧的译文表格中，可进行翻译。句段经过编辑后，最右侧的状态栏会显示✐图标。

图3-52 翻译流程中的编辑器界面

3.4.1.2 格式标签的处理

1. 任务描述

如果原文文档包含斜体、加粗等格式，或图片和符号等样式，则导入YiCAT后会转换成 tag 标记或占位符 ⚑。为保证导出的译文文档和原文文档格式一致，译员需要将这些tag和占位符添加到译文句段的相应位置。

本实验环节介绍如何在编辑器中添加格式标签。

2. 操作步骤

添加格式标签。此处有两种方法可以实现格式标签的添加：点击原文中的标签，自动复制到译文和复制原文到译文的方法。

方法一：将光标定位在译文句段中需要添加tag或占位符的地方。

步骤1：找到需要处理的格式标签，将光标移至该标签处，如图3-53所示。

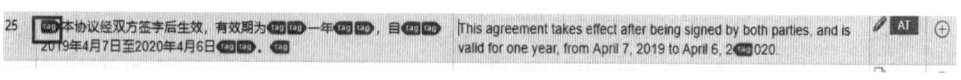

图3-53　点击原文中的标签添加法

步骤2：然后点击原文句段中的tag或占位符即可，结果如图3-54所示。

图3-54　添加格式标签后的结果

方法二：如果某个句段中的标记过多，也可以通过"复制原文到译文"功能将原文文字及标记全部复制，然后再用译文内容替换原文文字部分。

复制原文到译文的方法添加格式标签，有3种操作方式。

方法一：可将光标放置在待复制句段的译文单元格，点击页面上方的菜单栏按钮，如图3-55所示。

图3-55　通过"复制原文到译文"的方法实现标签的添加

方法二：使用快捷键Alt+C。将光标放置在待复制句段的译文单元格，按下快捷键Alt+C，即可实现添加标签，如图3-56所示。

图3-56　快捷键添加格式标签

方法三：单击鼠标右键，选择复制原文到译文，如图3-57所示，标签信息也被复制。

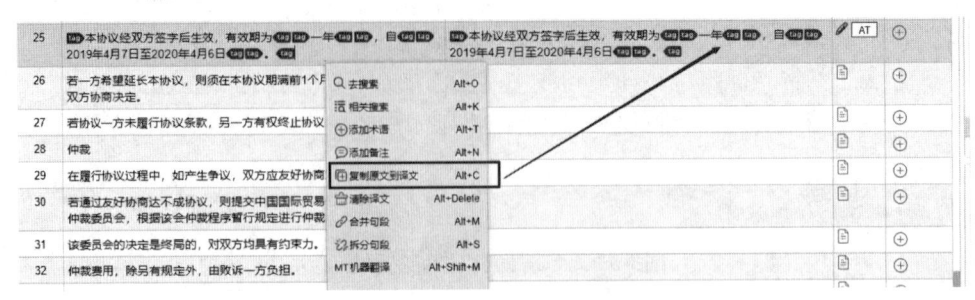

图3-57　鼠标右键添加格式标签

YiCAT还可以将多个连续的句段原文复制到译文，操作方法为先选中起始句段，然后按住Ctrl键，左击结束句段，之后再使用上述三种操作即可。

【说明】

如果原文本中含有大量的数字、专有名词或非译元素，则同样可使用复制原文到译文的功能，将原文一键复制粘贴到译文栏中。

3.4.1.3　合并句段

1. 任务描述

YiCAT将原文内容通过句号、问号、感叹号等断句规则自动断句，经过处理后的句段还可以在编辑器中进行合并。

本实验项目介绍3种合并句段的方法，且合并后不会影响译文的导出结果。但是分属不同段落的句段无法跨段落进行合并。

2. 操作步骤

方法一：使用工具栏中的合并句段图标 ⌘，如图3-58所示，具体操作方法为按住Ctrl键，单击鼠标左键选择两条或多条需要合并的连续句段，点击 ⌘ 按钮，即可实现合并。

图3-58　选中需要合并的句段

方法二：使用快捷键 Alt+M。操作方法：按住 Ctrl 键，单击鼠标左键选择两条或多条需要合并的连续句段，如图 3-59 所示，使用快捷键 Alt+M，即可实现合并。

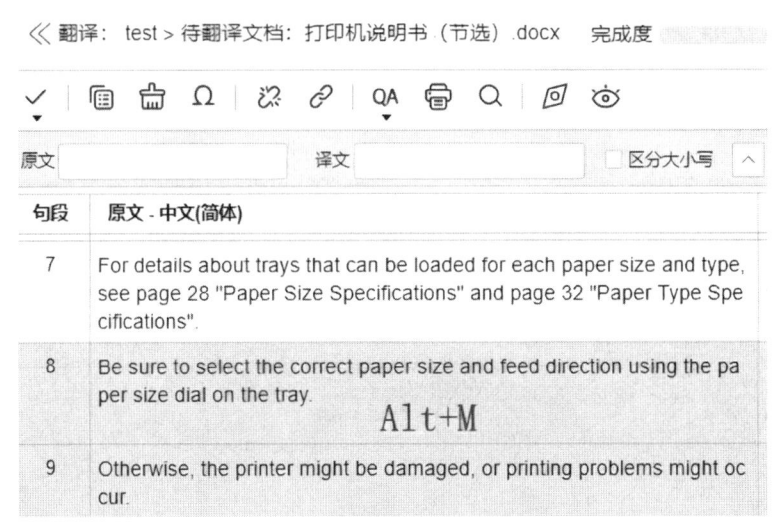

图 3-59　快捷键实现句段合并

方法三：按住 Ctrl 键，单击鼠标左键选择两条或多条需要合并的连续句段，右键菜单中选择合并句段，如图 3-60 所示，即可实现合并句段效果。

图 3-60　鼠标右键选择"合并句段"

3.4.1.4 拆分句段

1. 任务描述

系统将待译文档解析至编辑器中，可能会出现较长的句段，此时需要将句段进行拆分。本实验项目介绍3种拆分句段的方法，且拆分后不会影响译文的导出结果。

2. 操作步骤

方法一：使用工具栏中的拆分句段图标❒。将光标放置在需要拆分的原文位置，点击图3-61中的❒按钮，即可实现拆分。

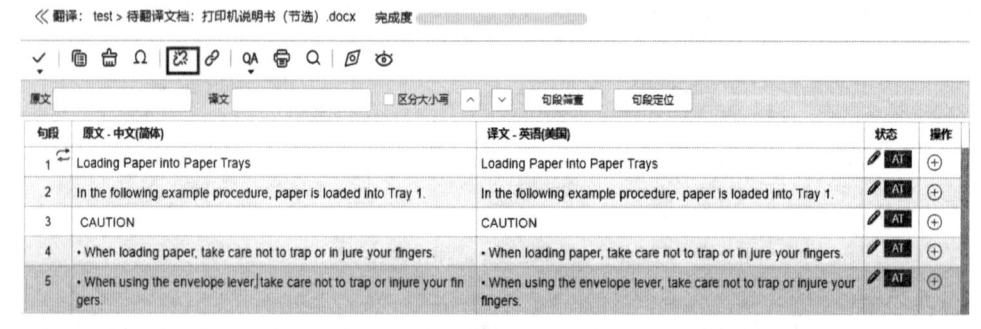

图3-61 "句段拆分"图标

方法二：使用快捷键。将光标放在需要拆分的原文位置，如图3-62所示，使用快捷键Alt+S实现拆分句段。

图3-62 快捷键进行句段拆分

方法三：按住Ctrl键，单击鼠标左键选择待拆分的句段，单击鼠标右键菜单选择拆分句段，如图3-63所示，即可实现句段拆分效果。

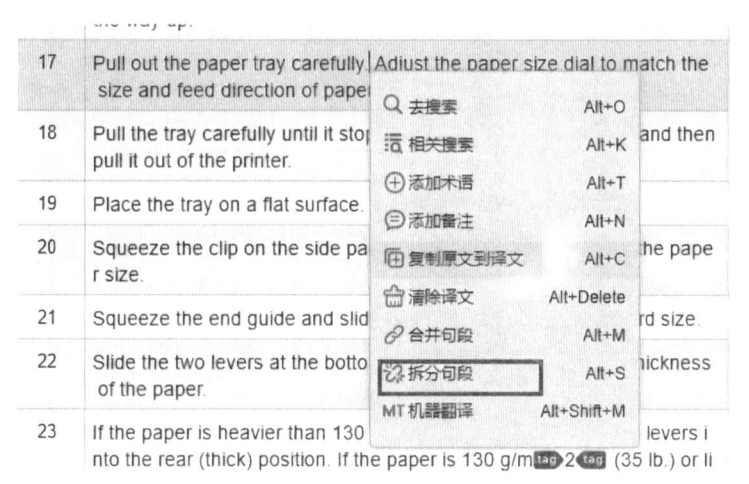

图 3-63 右键"拆分句段"

3.4.1.5 预翻译

1. 任务描述

如果在项目创建时，未开启预翻译，可以在翻译流程中的编辑器界面开启，开启后，将自动进行翻译。

本实验项目介绍预翻译的开启方法。需要注意的是，调用预翻译后，系统不会自动进行句段确认，需自行确认。编辑器中的预翻译耗时较长，大文件则可能需要等待更长时间。预翻译将优先匹配记忆库，如果没有记忆库匹配，在付费调用的前提下将调用机器翻译结果。

2. 操作步骤

步骤1：开启"预翻译"。编辑器的工具栏有开启图3-64中的预翻译图标，可以通过该图标或者快捷键Alt+P进行预翻译。

图 3-64 启用预翻译

步骤2：等待预翻译的结果。

步骤3：待译文档进行预翻译后，查看预翻译的结果，如图3-65所示。

句段	原文 - 中文(简体)	译文 - 英语(美国)	状态	操作
1	欢迎来到飞书	Welcome to Feishu	AT	
2	以下是快速上手飞书音视频会议的介绍	The following is an introduction to getting started quickly	AT	
3	飞书音视频会议操作十分便利	Feishu audio and video conference operation is very convenient	AT	
4	无论是私聊还是群聊	Whether it is private chat or group chat	AT	
5	认准右上角的摄像头标志	Look for the camera logo in the upper right corner	AT	
6	点击即可发起视频讨论	Click to start video discussion	AT	
7	如果开会时形象不佳	If the image is not good at the meeting	AT	
8	或者旁边声音嘈杂	Or the sound is noisy	AT	
9	你可以关闭摄像头或者麦克风	You can turn off the camera or the microphone	AT	
10	当你需要加入会议	When you need to join the meeting	AT	
11	除了直接接受会议呼叫	In addition to accepting conference calls directly	AT	
12	也可以点击群组中的会议卡片	You can also click on the meeting card in the group	AT	
13	会议开始了	The meeting started	AT	
14	会议途中	On the way	AT	
15	你可以随时邀请其他人参会	You can invite other people to the conference at any time	AT	
16	可以直接搜索参会人	Can directly search for participants	AT	
17	或者分享会议到群组	Or share the meeting to a group	AT	
18	当然	of course	AT	
19	也可以参考飞书为你智能推荐的参会人	You can also refer to Feishu for the intelligently recommended participants	AT	
20	选择是否呼叫其加入	Choose whether to call it to join	AT	
21	会议进行时	When the meeting is in progress	AT	

图 3-65　预翻译的结果显示

3.4.1.6　翻译记忆库的使用

1. 任务描述

在翻译的编辑器页面，项目组的译员之间可以实时共享同一项目的翻译记忆库，还可以更新句段的译文至项目启用的可写入记忆库中，方便其他协作译员参考。译员可以识别记忆库、查看记忆库匹配详情，搜索记忆库。

本实验项目介绍在翻译过程中如何应用翻译记忆库的内容。

记忆库条目中会显示三个信息：记忆库原文、与当前句段的匹配率和记忆库译文，如图 3-66 所示。

记忆库	参考	备注		
销售代理合同		99%	Sales Agency Agreement	
1272****@qq.com | 2020-07-06 11:54:28				sales_zh-CN_en-US
记忆库和机器翻译结果			相关搜索	

图 3-66　翻译过程中的项目翻译记忆库

2. 操作步骤

步骤1：应用记忆库匹配内容。若需使用记忆库中的句子，则可双击图3-67中的记忆库条目，或使用快捷键Ctrl/cmd+第N句记忆库，将记忆库译文填充至译文栏。

图3-67　应用翻译记忆库的结果

步骤2：查看记忆库详情。在记忆库识别模块中，可以在底部查看记忆库的详情，包括记忆库名称、创建时间和创建人账号，如图3-68所示。

图3-68　查看翻译记忆库的详情

步骤3：搜索记忆库内容。在记忆库模块中，我们可以在项目启用的记忆库中进行搜索。点击图3-69中的记忆库模块下方的"相关搜索"，即可切换至记忆库搜索界面。

图3-69　搜索项目挂载的翻译记忆库

在图3-70中的搜索界面输入记忆库的原文内容,点击搜索按钮,或者按下回车键,可查询记忆库中相关内容。

图3-70 项目挂载的翻译记忆库搜索结果

3.4.1.7 清除译文

1. 任务描述

在翻译过程中,如果对翻译记忆库或者机器翻译的匹配结果不满意,可以清除单个或者多个句段的译文,本实验项目通过三种方式实现清除译文。

2. 操作步骤

方法一:将光标放置在待清除句段的译文单元格,点击图3-71的页面上方的菜单栏,清除译文。

图3-71 "清除译文"图标

方法二:将光标放置在待清除句段的译文单元格,使用快捷键Alt+Delete,如图3-72所示。

图3-72 使用快捷键清除译文

方法三：单击鼠标右键后选择"清除译文"，如图3-73所示。

图3-73　通过鼠标右键启用"清除译文"功能

也可以选中起始句段，按住Ctrl键，左击结束句段，之后再使用上述三种操作完成多个句段译文的清除，如图3-74所示。

图3-74　选择多个译文进行批量清除

3.4.1.8　术语库的使用

1. 任务描述

在翻译过程中，译员之间可以实时共享项目启用的术语库，也可以更新非QA术语库的内容，供其他协作译员参考。本实验项目介绍术语库的使用方法，如添加术语、识别术语、修改/删除术语和搜索术语等。

2. 操作步骤

步骤1：添加术语。在翻译过程中，译员添加术语的方法有两种。

方法一：在图 3-75 中的原文列选中要添加的术语，鼠标右键选中添加术语或者按快捷键 Alt+T，随后双击术语对应的译文，术语的译文即会出现在术语库界面，点击添加后，会加入默认的术语库中，如图 3-76 所示。

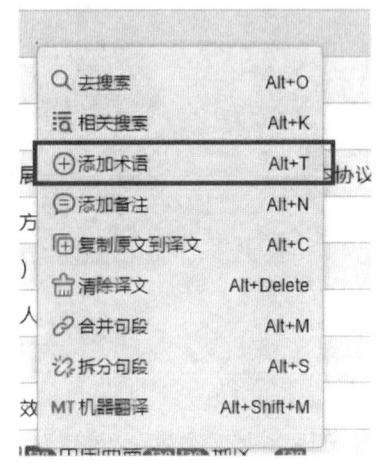

图 3-75 右键选择"添加术语"

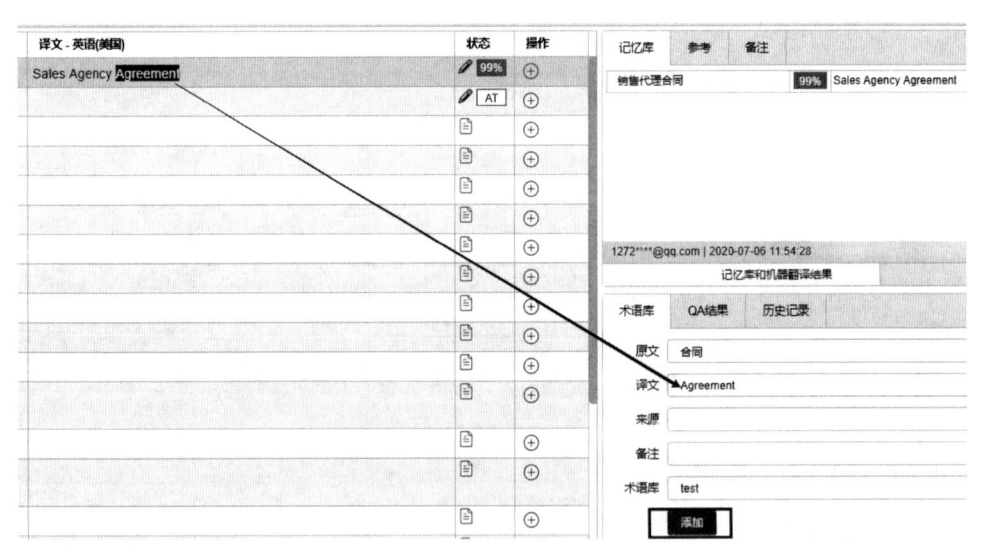

图 3-76 术语添加后的状态

方法二：直接在图 3-77 的术语模块中点击"添加新术语"，然后自己按需输入要添加术语的原文和译文，并按需填写术语的来源和备注，选择术语库，点击"添加"，即可添加成功。

图3-77　"添加新术语"

步骤2：识别术语。如果术语库中已存有某条术语，在图3-78中的原文列中术语的上方将以 ——— 图标表示，双击术语的译文，即可应用术语库中术语的译文到编辑器的译文列。

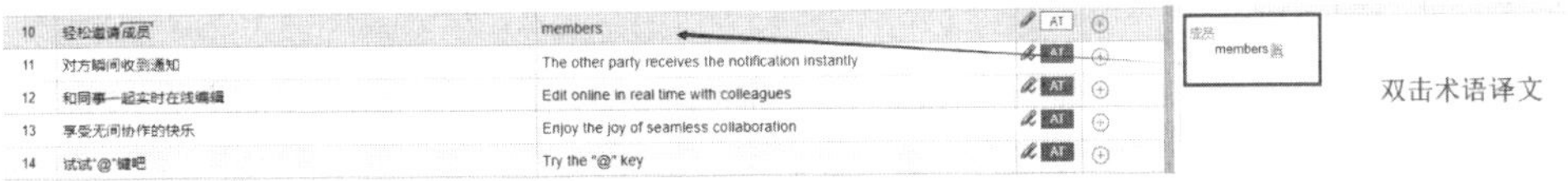

图3-78　翻译过程中的术语识别状态

步骤3：修改/删除术语。修改和删除术语操作只能针对非QA的术语库，单击术语库的图标，弹出术语查看对话框，如图3-79所示，可以在译文处进行修改，修改后可以保存或者删除术语。

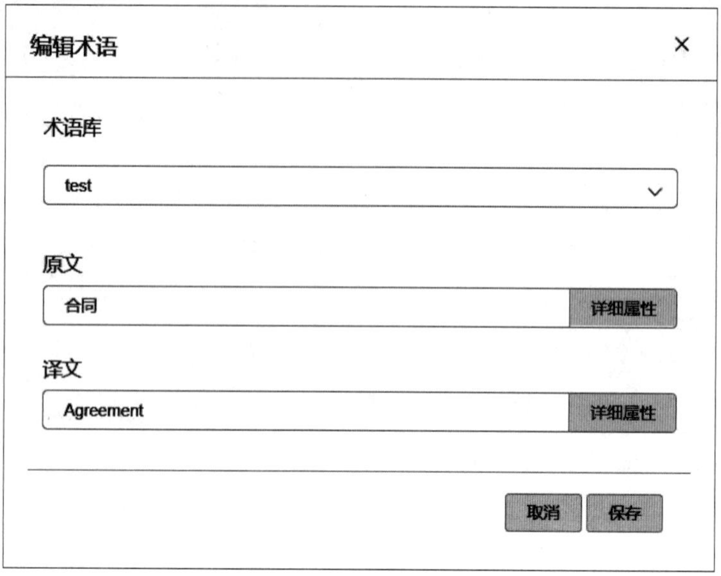

图3-79　术语修改和删除

步骤4：搜索术语。编辑器界面的术语库模块可以进行术语的搜索。点击图3-80中的"术语搜索"即可进入搜索界面，输入检索的术语关键词后，点击"搜索"或者按下回车键，可看到检索的相应结果。其中，绿色部分为原文内容，原文底下的黑色部分为译文，右侧为术语库的名称。

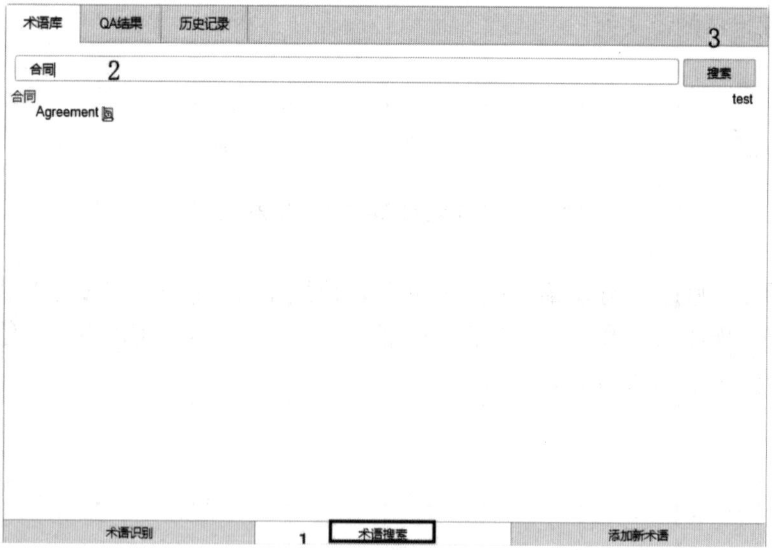

图3-80　"术语搜索"页面

3.4.1.9 查找替换

1. 任务描述

编辑器中，查找的对象可以是原文或者译文，替换的操作只能针对译文。且在翻译流程下，替换后的句段状态将更改为草稿状态🖉，这时句段需用户自行确认。当图标从🖉变成🖉状态后，句段就被更新到项目指定的写入记忆库中。

本实验项目介绍编辑器页面对原文或者译文进行查找或者替换的操作方法。

2. 操作步骤

步骤1：查找文字。在图3-81中的"原文"文本框中输入需要查找的文字，系统将查找含有该文字的原文或译文，不仅显示含有该文字的句段，也将高亮所查内容，还可以设置是否区分大小写。

图3-81 查找功能图标

步骤2：替换。点击图3-82中的🔍按钮，或使用快捷键Alt+F打开替换输入框。在替换框中输入要替换的译文文字，选中要替换的句段，点击"替换"或"全部替换"，即可成功替换相应内容。

图3-82 对查找后的内容进行替换或者批量替换

3.4.1.10 句段状态及句段操作

1. 任务描述

在编辑器中，应用翻译记忆库、机器翻译的结果，或者人工翻译后需要确认已翻译的句段，都需确认后方可进入审校环节。

本实验项目介绍确认句段已翻译的操作方法、句段状态的标识，以及句段的定位和筛查。

2. 操作步骤

步骤1：确认句段。只有确认每个句段，项目进度才会更新。按下回车键，即可确认句段。确认句段后，句段状态会从✎会变成✎状态。已确认的句段会自动保存在云端，并将句段信息更新到项目指定的写入记忆库中。确认句段后，YiCAT会自动将光标移至下一个句段。⊕可以添加备注信息。

YiCAT可以批量确认句段，点击图3-83中工具栏中的✓图标的下三角，选择确认全部句段。

图3-83 确认句段

步骤2：句段状态认识。在YiCAT编辑器中，每条句段都有特定的状态，译员可根据不同的句段状态判断当前句段的信息。

在翻译状态下，句段存在以下三种状态，见表3-2所列。

表3-2 翻译状态下的句段状态

图标	名称	释义
📄	未翻译	翻译还未翻译的此句段,句段没有内容
✎	草稿	翻译已编辑的此句段,但未确认句段内容
✎	已确认	翻译已编辑的此句段,并确认句段信息

记忆库状态。若句段与记忆库有匹配信息，状态栏就将显示与记忆库的匹配度，见表3-3所列。

表3-3 记忆库匹配状态

图标	名称	释义
101%	101%匹配	记忆库中的句段与原文句段匹配率为100%,且两个句段的上文相同
100%	100%匹配	记忆库中的句段与原文句段匹配率为100%
80%	模糊匹配	记忆库中的句段与原文句段的匹配率为1%～99%的句段

锁定状态。若句段被锁定，状态栏就将显示锁定图标，见表3-4所列。

表3-4 句段锁定状态

图标	名称	释义
🔒	锁定句段	当前句段因项目设置锁定内部重复、锁定跨文件重复或100%记忆库匹配而被锁定

机器翻译状态。若句段应用机器翻译译文，状态栏就将显示以下两种状态，见表3-5所列。

表3-5 机器翻译状态

图标	名称	释义
AT	机器翻译	译员或审校直接应用机器翻译结果
AT	机器翻译	译员或审校应用机器翻译结果，并在此基础上做修改

步骤3：句段定位。编辑器界面，译员可以通过句段定位功能，快速定位某一句段或者任务句段，如图3-84所示，通过输入句段的编号，定位到某一句段。

图3-84 定位句段界面

在句段定位中，可点击任务定位的任一选项，如图3-85所示，实现快速定位至任务句段。当前可选择的选项：任务第一句、草稿第一句、未翻译第一句和任务最后一句。

图3-85 定位句段

步骤4：筛查未完成的句段。该步骤可以通过勾选不同的筛选条件，筛出想查看的句段。筛选条件如图3-86所示。YiCAT提供显示范围、句段类型、重复、审校状态、句段审核和句段内容六个筛选类型,译员可以通过不同的筛选条件查找筛查句段。

图 3-86 句段筛查界面

3.4.1.11 QA 设置及查看结果

1. 任务描述

除了项目在新建时可以进行 QA 设置,在编辑器界面也可以进行 QA 设置。项目中启用的规则,编辑器界面会同步项目的 QA 设置,且无法进行修改。

本实验项目介绍编辑器界面的 QA 设置方法以及在翻译过程中的 QA 检查结果的查看方法。

2. 操作步骤

步骤 1:在编辑器界面点击 QA 设置,如图 3-87 所示,进入图 3-88 所示的状态,对项目 QA 设置以外的其他规则进行设置。

图 3-87 编辑器的 QA 设置界面

图 3-88　设置的 QA 规则

步骤 2：启用 QA 规则。规则启用后，如果确认句段的译文触犯了相应的规则，系统就会以图标提示译员，⚠ 表示轻微错误，⚠ 表示一般错误，⚠ 表示严重错误。

步骤 3：对译文进行 QA 验证。编辑器上将显示 QA 验证的结果，并在句段右侧提示，如图 3-89 所示。

图 3-89　验证 QA

步骤 4：查看 QA 结果。鼠标移至提醒符号⚠，可查看此句段的 QA 错误条数，点击⚠，可在图 3-90 界面的右下角查看具体的 QA 错误。

图 3-90　查看 QA 结果

步骤5：如图3-91所示，筛查QA结果。

图3-91 筛查QA结果

步骤6：处理QA结果。系统提示的QA错误需要人工处理，以防止系统出现误报的情况。如果确定是系统误报，则可以选择忽略QA错误。点击"忽略"后，QA错误将不会在句段右侧显示，但是也可以点击"恢复"。忽略和恢复的操作都可以针对某一条提示信息或者全部提示信息。

3.4.1.12 离线翻译

1. 任务描述

YiCAT是在线翻译平台，需要在有网络的环境下工作。如果当前没有网络，则可将待译文本导出，进行离线翻译。如果网络畅通，则可将翻译文件导回，并更新至翻译项目中。

本实验项目介绍在YiCAT平台上进行离线翻译的方法。

2. 操作步骤

步骤1：导出离线翻译文件。点击图3-92中的"项目管理"，进入"项目列表"界面，找到待翻译项目，点击"详情"，进入项目详情页。

图3-92 "项目列表"中的导出离线翻译页面

或者在图3-93中"我的任务"进入"我的任务"界面，找到待翻译的任务，点击"离线文件"-"导出全部句段"。

图3-93　"我的任务"中的导出离线翻译页面

步骤2：导出离线翻译文件。点击图3-94中的"更多"，在下拉菜单中选择"离线翻译"-"导出"。

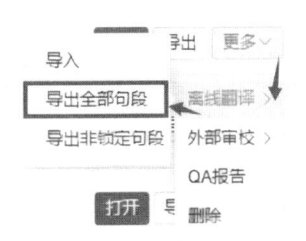

图3-94　离线翻译页面

步骤3：下载离线翻译文档。
步骤4：查看离线文档。
步骤5：进行离线翻译。在右侧译文栏的空白文本框中输入正确译文，翻译后保存文档即可。
步骤6：导入项目离线翻译文件。在网络正常的情况下，点击"项目管理"，进入"项目列表"界面，找到待译文件，点击图3-95中的"更多"选项，选择"离线翻译"，进行"导入"操作。

图3-95　导入翻译好的离线文档

选择本地文件的翻译文件导入即可。再次打开该文件编辑器时，离线文档的内容将自动同步至项目编辑器中。或者在导入任务中选择"离线文件"：点击图3-96所示的"我的任务"，进入"我的任务"列表界面，找到待翻译文件，依次点击"离线翻译"-"导入"，即可导入离线翻译文件。进入该任务的编辑器时，离线状态翻译的内容将自动同步至项目编辑器中。

图3-96　"我的任务"列表中导入翻译好的离线文档

【说明】

（1）译员仅能在译文栏区域进行编辑，如果修改其他区域，则可能无法导入YiCAT；

（2）不能删除或更改原文和译文tag，否则无法还原文件样式；

（3）导入离线翻译文件时，需确保导出的文件与导入的文件为同一文件，否则将导入失败；

（4）导入离线翻译文件后，部分翻译的内容将自动审校修改并确认句段；

（5）在"我的任务"工具栏导入文件，锁定的译文即使修改，导入后也会保留原有译文；

（6）未锁定的重复句段导入YiCAT后，最后一句的句段译文将同步至其他重复句段（已标记为不同步的句段除外）。例如，重复的句段是第1、2、3、4句，导入系统后，第4句的译文内容将同步至第1、2、3句。若第2句在系统中已被标记为不同步，则导入时第4句的译文内容将只同步至第1和3句。

3.4.1.13 译文处理

1. 任务描述

翻译任务结束后，可以提交译文，项目进入审校环节；也可以导出译文，项目进入外部审校环节。本实验项目介绍译文的处理方法。

2. 操作步骤

步骤1：提交译文。任务完成后，可以使用提交按钮 提交译文，提交后,按钮文字内容将变成"已提交",并弹出"提交成功"的对话框。需要注意的是,如果任务中还有一些未完成、未确认或者句段中有严重QA错误的情况,则需要修改后才能提交。

如果系统提示有严重错误的句段,则可以通过筛查筛出有QA提醒的句子,点击图标⚠,可以查看具体的错误原因,修改成功后再次点击"提交"。

步骤2:导出译文。点击图3-97所示的"导出"按键,可以导出翻译译文、审校译文、带跟踪修订的译文、原文和TMX文档。如果原文格式是doc/docx、ppt/pptx、xls/xlsx格式,那么还可导出翻译双语和审校双语两种文档。

图3-97 导出译文类型

【说明】
(1)普通译员无法导出译文,项目经理、管理员和超级管理员可以导出译文。
(2)如果有句段尚未完成翻译,导出后的译文文档中,这些句段的译文将以原文填充。
(3)除了编辑器界面可以导出译文,还可以在项目详情页导出译文。
(4)项目详情页的路径为项目管理-项目列表-导出。

3.4.2　SDL Trados Studio的翻译

1. 任务描述

(1)译员接收翻译任务,使用SDL Trados Studio 2017完成翻译任务。
(2)翻译完成后,创建项目文件包,发送给审校人员进行审校。

2. 操作步骤

步骤1:译员在收到项目包后,可双击打开项目文件包(.sdlppx),或者在SDL Trados Studio 2017的主页中选择"打开"-"打开文件包",并选择收到的.sdlppx文件包,如图3-98所示。

图3-98　打开文件包选项

步骤2：Trados将该文件包进行解析，生成本地项目文件。点击"完成"后，该项目会在Trados的项目视图中显示，如图3-99所示。

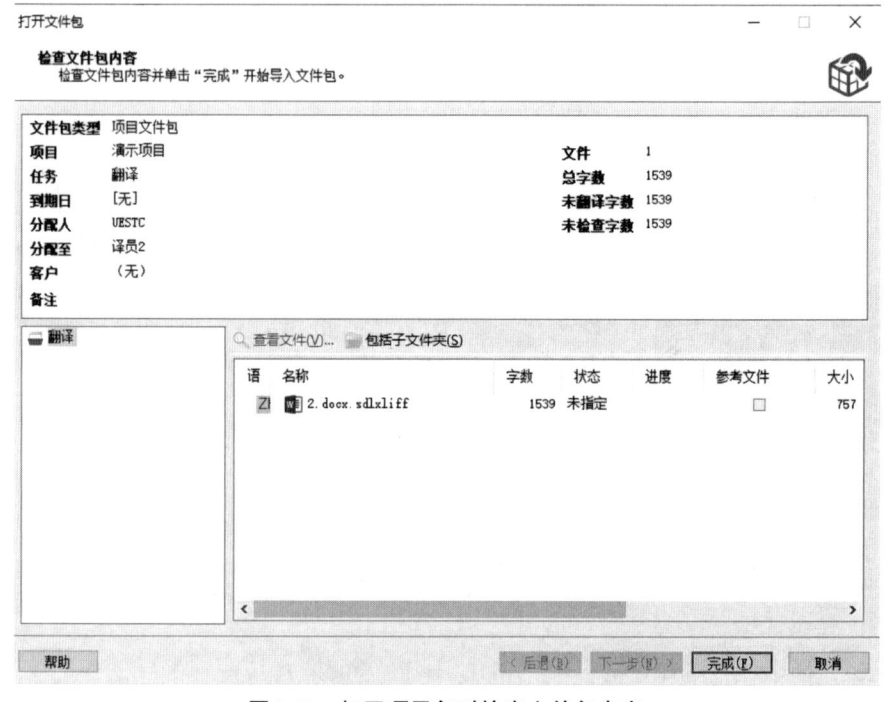

图3-99　打开项目包时检查文件包内容

步骤3：译员在Trados中打开该项目，基于翻译记忆库、机器翻译和术语库进行翻译工作。

步骤4：译员完成翻译任务后，在"项目"列表中鼠标右击该项目，并选择"创建项目文件包"，或在"文件包"菜单栏选择"创建项目文件包"选项，如图3-100所示。

图3-100　创建项目文件包

步骤5：创建项目文件包方法可参考本章3.2.2.2小节的SDL Trados Studio创建&管理离线翻译项目。

步骤6：将创建的已翻译完成的项目文件包，发送给指定的审校人员，进行审校工作。

至此，译员完成翻译任务。

3.5　计算机辅助翻译软件中的审校

本小节分别介绍在YiCAT在线翻译平台和SDL Trados Studio软件中的审校操作流程和步骤。

3.5.1　YiCAT在线翻译平台上的审校

3.5.1.1　开始审校

1. 任务描述

（1）从YiCAT在线翻译平台进入审校流程。

（2）在编辑器界面进行审校。

2. 操作步骤

步骤1：进入审校页面。进入审校界面的方法有两种。第一种是在YiCAT主界面，点击项目管理，在项目列表中找到待翻译的项目，进入项目详情后，点击"打开"，通过"审校"环节即可进入编辑器界面。

第二种是通过图3-101的"我的任务"面板进入审校界面。

图3-101　个人任务进入审校页面

步骤2：开始审校。审校环节与翻译环节的界面基本一致，如图3-102所示。文档中的所有内容会根据句号、问号、感叹号或段落标记等断句规则，以表格的形式，按序呈现在编辑器的左侧原文表格中。

图3-102　审校页面

光标放置在右侧译文表格中，可进行审校工作。编辑完句段后，最右侧的状态栏会显示 🔑 或 🔑 图标。

3.5.1.2　确认审校

1. 任务描述

与翻译流程类似，审校环节也需要在编辑器中确认每个句段被审校的状态。本实验项目介绍确认审校的方法以及审校环节句段的各个状态。

2. 操作步骤

在审校环节，不能批量确认，需通过点击图3-103所示的图标 ✓ 或者按下Enter键进行逐句确认。

第三章 译中技术实践

图3-103 确认审校

审校状态下，句段存在以下两种状态，见表3-6所列。

表3-6 审校状态下句段的状态

图标	名称	释义
	审校未修改	审校未修改翻译译文，并确认句段
	审校修改	审校修改翻译译文，并确认句段

3.5.1.3 跟踪修订

1. 任务描述

如果翻译项目是由企业账号创建，在项目审校流程中，跟踪修订功能会在审校进入编辑器后自动开启。审校可根据需要关闭或再次开启。本实验项目介绍跟踪修订开启的具体操作。

2. 操作步骤

步骤1：开启跟踪修订。在编辑器中，点击跟踪修订图标，即可开启跟踪修订模式，对译文进行修改。开启后，删除的内容会有删除线标记出，新增的内容会有下画线标记出，如图3-104所示。

图3-104 开启跟踪修订后

步骤2：接受或拒绝修订。和确认句段时一样，可以跟踪修订痕迹、句段的修订可以每次被接受一个，所有句段的修订也可以一次性被接受。

在编辑器中，光标放置或画词选中您要接受或拒绝修订的痕迹，如图3-105所示。右击鼠标弹出菜单，选择接受此处修订或拒绝此处修订，或者使用快捷键Alt+E或Alt+R，或者点击主功能区的接受修订或拒绝修订按钮，或者在下拉菜单中选择接受此处修订或拒绝此处修订按钮，可接受或拒绝此修订痕迹。

图3-105　进入处理修订结果页面

需要接受或拒绝所有句段的修订，在主功能区的接受修订或拒绝修订按钮下拉菜单中，选择接受全部修订或拒绝全部修订，批量接受或拒绝所有修订，如图3-106所示。

图3-106　处理修订结果

点击相应按钮后，系统会弹窗以确认接受，选择"接受所有修订"或者"拒绝所有修订"。若点击"确认"，系统就会批量接受或拒绝。在此过程中，可以点击"停止"按钮，随时停止接受或拒绝剩下的句段。

步骤3：查看修订后的状态。句段被接受或拒绝修订后，修订样式会被清除，系统会保留最终的版本，如图3-107所示。

图3-107　修订后的状态

3.5.1.4　导出外部审校文档

1. 任务描述

YiCAT提供外部审校功能，用于审校人员不在团队内，或者审校人员无法在有网络的环境下操作。操作过程与离线翻译类似，本实验项目介绍在"项目管理"界面和"我的任务"界面进行导出和导入的操作。

2. 操作步骤

步骤1：进入导出外部审校文档页面。点击"项目管理"，进入"项目列表"界面，进入待翻译项目的"详情"页面，如图3-108所示。

图3-108 导出外部审校文档的路径

步骤2：导出外部审校文档。选择相应的待译文档，点击"更多"-"外部审校"-"导出全部句段"，如图3-109所示。

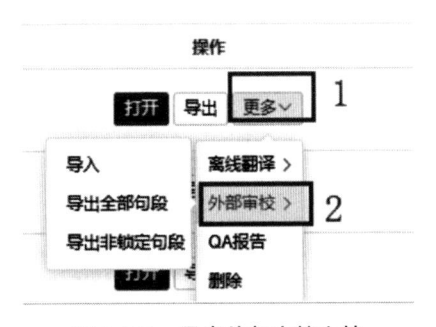

图3-109 导出外部审校文档

步骤3：点击"点此下载"，进行外部审校文档的下载。

步骤4：打开外部审校文档。打开下载的外部审校文档，该文档将自动开启跟踪修订痕迹，审校人员只需在译文 Target 列进行审校，保存后即可。

3.5.1.5 导入项目的外部审校文档

1. 任务描述

如果外部网络环境恢复正常，就可以导入外部审校文档。本实验项目介绍外部审校文档的导入方法。

2. 操作步骤

步骤1：进入导入界面。点击"项目管理"进入"项目列表"，在待翻译项目处点击"详情"进入项目详情页。

步骤2：选择导入功能。如图3-110所示，点击"更多"，在下拉菜单处选择"外部审校"-"导入"。

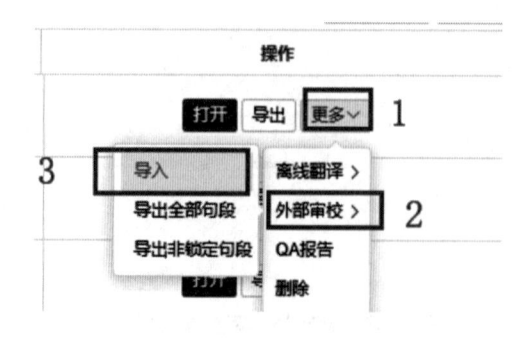

图3-110　选择导入外部审校文档

步骤3：导入外部审校好的文档。如图3-111所示，导入本地的外部审校文件，再次进入该文件的编辑器界面时，离线审校的内容将自动同步至项目中。

图3-111　导入外部审校后的文档

同样，可以在"我的任务"列表中进行外部审校文档的导入导出操作，因与前面"项目列表"处的外部审校文档导入导出操作几乎一致，此处不再赘述。

【说明】

（1）请仅在译文栏区域进行编辑，如果修改其他区域，则可能无法导入YiCAT；

（2）请勿删除或更改原文和译文tag，否则无法还原文件样式；

（3）导入外部审校文件时，请确保导出的文件与导入的文件为同一文件，否则将导入失败；

（4）导入外部审校文件后，翻译部分的内容将自动审校修改并确认句段；

（5）任务维度导入文件，锁定的译文即使修改，导入后也会保留原有译文；

（6）未锁定的重复句段导入YiCAT后，最后一句的句段译文将同步至其他重复句段（已标记为不同步的句段除外）。例如，重复的句段是第1、2、3、4句，导入系统后，第4句的译文内容将同步至第1、2、3句。若第2句在系统中已被标记为不同步，导入时第4句的译文内容将只同步至第1和3句。

3.5.2 SDL Trados Studio 的审校

1. 任务描述

（1）审校人员收到审校任务，使用 SDL Trados Studio 2017 完成审校任务。
（2）审校完成后，创建返回文件包，发送给项目经理定稿。

2. 操作步骤

步骤1：审校在收到项目包后，可双击打开项目文件包（.sdlppx），或者在 SDL Trados Studio 2017 的主页中选择"打开文件包"，并选择收到的 .sdlppx 文件包，如图 3-112 所示。

图 3-112　打开文件包选项

步骤2：Trados 将该文件包进行解析，生成本地项目文件，点击"完成"后，该项目会在 Trados 的项目视图中显示，如图 3-113 所示。

图3-113　打开项目包时检查文件包内容

步骤3：审校人员在Trados中打开该项目，基于翻译记忆库和术语库进行审校工作，此操作可参考上一节内容中的"SDL Trados Studio 2017的翻译"，此处不再重复。

步骤4：审校人员完成审校任务后，在"项目"列表中右击该项目，并选择"创建返回文件包"，如图3-114所示。

图3-114　创建返回文件包

步骤5：选择需要包含在返回文件包中的文件，然后选择"下一步"，如图3-115所示。

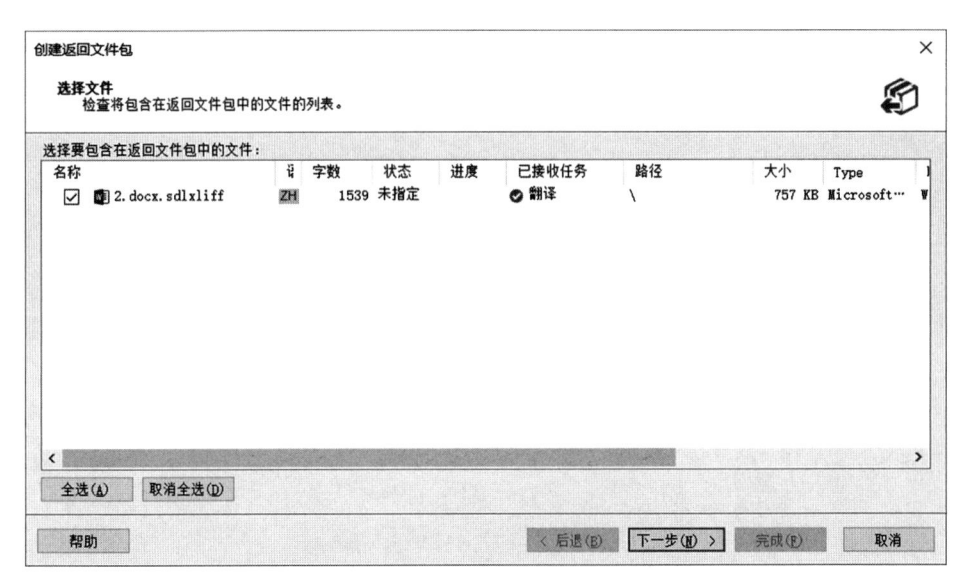

图3-115　为返回文件包添加包含的文件

步骤6：为返回文件包指定存放路径，然后点击"完成"，创建返回文件包，如图3-116所示。

图3-116　为返回文件包指定存放位置

步骤7：确认是否有错误或警告信息，然后点击"关闭"。

步骤8：打开返回文件包文件夹，可以看到创建的返回包文件（.sldrpx），如图3-117所示。

名称	修改日期	类型	大小
演示项目.sdlrpx	2021/2/23 18:00	SDL Trados Stud...	395 KB

图3-117　创建的返回文件包示例

步骤9：若翻译内容被否决，则发送给译员并进行修改。译员完成修改后，创建文件包并发送给审校人员，再次进行审校，直至译文被核准。若翻译内容被核准，则将返回的文件包发送给项目经理，进行项目更新。

至此，审校人员完成审校任务。

3.6　译前编辑

译前编辑（pre-editing）是在进行机器翻译之前对源文本进行的编辑和调整。这一过程旨在简化文本的结构和语言，消除可能导致机器翻译出错的复杂性或歧义性，从而提高机器翻译的质量和准确度。通常用于那些需要通过机器翻译处理大量文本的场合，特别是在机器翻译质量对最终结果有重要影响的情况下，例如，技术文档、法律文件、医疗记录等专业或高度标准化的文本。

假设有一份技术文档，里面有一段如下的话。

原文（英文）：

The interface, which was designed by the team last year, is not only user-friendly but also compatible with multiple operating systems; moreover, it incorporates several innovative features.

这段文本包含了复杂的句子结构和多个分号，可能会对机器翻译造成困难。译员可以采取译前编辑策略对原文进行调整，如下所示。

译前编辑后的文本（英文）：

The team designed a user-friendly interface last year. It is compatible with multiple operating systems. It also includes several innovative features.

此例中，在译前编辑中，译员将复杂的句子分解为几个简单的句子。这样做不仅消除了可能的歧义，还使句子结构更加清晰，有助于提高机器翻译的准确性。

译前编辑在机器翻译质量不太高的情况下，是一个非常重要的手段，特别是在使用机器翻译处理复杂或专业文本时。通过简化和标准化源文本的语言和结构，译前编辑有助于提高机器翻译的效果，从而节省时间和资源，提高翻译质量。

第四章

译 后 编 辑

4.1 译后编辑基础知识

译后编辑（post-editing，PE）是现代翻译业务流程中的关键环节，随着神经网络机器翻译（NMT）质量的提升，计算机辅助翻译（CAT）工具开始融合TM和MT功能，这使得翻译任务更倾向于译后编辑。职业译员也意识到通过结合机器翻译技术，可以提高翻译的生产力和对译文的满意度。

4.2 译后编辑策略

通常，译后编辑是指人工修订机器翻译输出，以保证译文符合预期质量。这是一种通过人工干预实现翻译质量提升的策略。译后编辑成功的基础是只做必要的修改，避免偏好性修改。

译后编辑的策略有以下几种参考意见。

快速审核：快速浏览并评估机器翻译的质量，以确定需要进行的修正程度。

重点校对：重点关注机器翻译输出中的可能存在问题的部分，比如专业术语、复杂句式或语言风格等。

语言品质：确保修正后的翻译符合语言品质的要求，包括语法、拼写、标点符号等方面。

专业术语：根据上下文和领域知识来调整和修正机器翻译中的专业术语，确保翻译结果准确无误。

风格一致性：保持翻译结果的风格一致性，使之与原文或目标语言的要求相符。

上下文理解：充分理解原文的内容和背景，以便更好地修正机器翻译的输出。

在做好译后编辑工作之前，了解常见的机器翻译错误类型能够更快地完成此环节的工作。

4.2.1　常见的机器翻译错误类型

机器翻译+译后编辑是现代翻译服务行业中常用的模式，机器翻译技术的发展让机器翻译引擎能够在某些领域提供可参考的高质量译文。但是机器翻译也有着段落拆分后的理解问题、术语前后不一致、漏译、增译、代词、缩写或特殊符号带来歧义等现象，有时还会出现逻辑性错误。总体来说，常见的机器翻译错误类型有词法错误、句法错误、语义错误和文化适应性错误。

词法错误涉及单个词汇的错误使用或选择。错误类型通常可以分为词汇术语、词汇连词、词汇词性、词汇缩写、词汇漏译、词汇替代、词汇不译等类型。如将"bank"错误翻译为"银行"，而在上下文中应为"河岸"；例如，"lead"既可以是动词"领导"，也可以是名词"铅"。

句法错误涉及句子结构的错误，包括错误的词序、不恰当的时态使用，或者不符合目标语言语法规则的结构。错误类型通常可以分为句法次序错误、句法名词短语误译、句法动词短语误译、句法介词短语误译、句法被动态、句法不定式、句法分词等。如将英语中的主-谓-宾结构直接翻译成其他语言，可能导致句子结构混乱，属于典型的词序错误。又如，将单数主语和复数动词结合在一起是不符合英语语法规则的。

语义错误发生在机器翻译中时，文本在语法上可能是正确的，但在传达原文的真实意图或上下文意义上出现了失误。这种错误是由于机器翻译系统未能正确理解或传达源文本的深层含义，通常发生在处理含有隐喻、比喻、特定语境含义或复杂情感表达的句子时。如英语句子"Time flies like an arrow."，不恰当的机器翻译译文有"时间像箭一样飞行"，更合适的翻译译文为"光阴似箭"。本例中，这个英语句子是一种比喻，表达的是时间流逝的快速。机器翻译错误地将其处理为字面意思，而未能捕捉其比喻意义。

文化适应性错误发生在翻译过程中未能考虑到目标语言和文化的特定习俗、表达方式或含义。这种类型的错误可能导致翻译内容在目标文化中显得不自然、不准确或不恰当。此类错误通常是由于机器翻译系统缺乏对特定文化背景和习俗的理解，不能适当地转换或调整源文本的文化元素。如英语句子："She is a real

Cinderella.",机器翻译将其翻译成"她是一个真正的灰姑娘",更得体的翻译可以是"她是个白手起家的成功例子"。在英语中,"Cinderella"常用来比喻一个人的蜕变或成功故事,特别是从低微状态到达成功或显赫地位的变化。直接翻译为"灰姑娘"可能无法在中文中准确传达这层含义,因为在中文文化中,"灰姑娘"更多指的是童话故事中的人物,而不一定与英语中的隐喻含义相对应。由此说明,在翻译过程中译员还应考虑文化背景,特别是在处理包含特定文化隐喻或表达的文本时。

4.2.2 译后编辑策略

轻度译后编辑(light post-editing)和重度译后编辑(full post-editing)是译后编辑(post-editing)的两种主要形式。它们的目的是改进机器翻译输出,但关注的深度和范围不同。

4.2.2.1 轻度译后编辑

轻度译后编辑(light post-editing)确保机器翻译输出的可理解性和基本准确性。重点在于快速修正明显的错误,而不追求完美的语言质量或风格一致性。它具有以下特点:修正语法错误、拼写错误和显而易见的翻译错误;不重写或重新组织句子,除非绝对必要;不专注于细微的风格调整;通常用于内部文档或非正式场合,其中,信息传递的准确性比文本风格更重要。

以下是两个例子:

原文(英文):"Ths motor is vrey fst.",机器翻译成中文是"这辆摩托车是很快的"。轻度译后编辑后译文为"这辆摩托车很快"。这里仅修正了显而易见的拼写错误("vrey"-"very","fst"-"fast"),并略微调整了中文翻译,以保证基本的语法正确性和通顺性,没有进行深入的重写或风格调整。

原文(中文):他们去了那个博物馆,参观了很多艺术品。

机器翻译结果:They went to the museum and visited a lot of artworks.

轻度译后编辑(英文):They went to the museum to see many artworks.

译后编辑中将"参观"改为了更简洁的"to see",以保持句子的简洁性和可理解性。保留了原文中的"the museum"和"artworks",因为它们是句子的关键词,并且没有明显的错误或需要修正的地方。这样的修改保留了原译文的基本意思,同时使句子更加简洁和易懂,符合轻度译后编辑的特点。

4.2.2.2 重度译后编辑

重度译后编辑使机器翻译输出接近或等同于专业人工翻译的质量，除了基本的准确性，还强调文本的流畅性、一致性和风格。它具备以下特点：除了修正基本错误外，还会重新组织句子和段落，改善表达和语调；关注语言的细微差别，包括术语的一致性、风格和文化适应性；适用于公共发布的文档、正式报告、客户面向的材料等，其中，文本的质量和专业性至关重要。

以下是2个例子。

例1

原文：The company's new marketing strategy aims to target younger demographics through social media platforms.

译文：公司的新营销策略旨在通过社交媒体平台瞄准年轻人群体。

译后编辑：公司的全新营销战略旨在通过社交媒体平台针对年轻受众进行精准定位。

在这个例子中，译后编辑环节，译者首先对译文进行了重新组织，使其更贴合中文的表达习惯，并且强调了营销策略的全新性。其次使用了更丰富的词汇，如"精准定位"，以增强译文的专业感。最后保留了原文的意思，同时在中文译文中加入了更多的细节，以使其更接近于专业人工翻译的质量。

例2

原文：这份报告详细介绍了公司的业绩情况，包括销售额、利润和市场份额。

译文：This report provides a detailed overview of the company's performance, including sales, profits, and market share.

译后编辑：This comprehensive report delves into the company's performance metrics, encompassing sales figures, profitability, and market share.

首先，上例在译后编辑环节使用了更为具体和丰富的词汇，如"comprehensive"和"delves into"，以增强句子的专业感和语气。其次，重新组织了句子，将"metrics"放置在"performance"后面，以使句子更加清晰和连贯。最后，将"overview"改为了"delves into"，以强调报告的深入程度。这样的修改使得译文更接近于专业人工翻译的质量，同时保持了文本的流畅性、一致性和风格。

综上所示，轻度译后编辑和重度译后编辑的主要区别在于它们对质量的要求和所投入的工作量。轻度编辑注重速度和效率，适用于对质量要求不高的场合；而重度编辑追求高质量输出，适合正式和重要的文档。翻译工作者应根据不同的需求和目的，选择适当的译后编辑策略，以提高翻译效率和翻译质量。

第五章

字幕翻译项目实践

5.1 字幕翻译基础

5.1.1 字幕翻译的定义

关于字幕翻译的定义,目前国内还没有统一的定义,能被普遍接受的主要有以下几种。

(1) 字幕翻译是一种特殊的语言转换类型——原声口语的浓缩的书面译文。具体包括三层含义:语际信息传递、语篇简化或浓缩、口语转化为书面语。

(2) 字幕翻译就是将源语言翻译成目标语言并置于屏幕下方,同时保持电影原声的过程。字幕翻译是语言转换的一种特殊形式,是语言化、口语化、集中化的笔译。

(3) 字幕翻译是显示在无声电影场景中或电影电视屏幕底端的,对另一种语言的解释或说明片段。

综合上述定义,可将字幕翻译总结为,在保留原声的情况下将源语言翻译为目标语言,形成文字并叠印在屏幕上的翻译活动。这里的字幕不仅指对话字幕,还包括画面信息字幕、特效字幕等。字幕翻译经常会跟视频产品翻译混淆,严格来说视频产品翻译包含了字幕翻译,因为有些视频产品翻译不仅要求翻译出字幕,还要求录入目标语音。

5.1.2 字幕翻译的特点

字幕翻译在当今全球化的世界中扮演着重要的角色,是世界文化交流不可或缺的一部分。字幕翻译属于文学翻译的范畴，除具有文学翻译的一般特点，还具有独特性，主要体现在以下几个方面。

5.1.2.1 瞬时性

字幕在屏幕上出现，一般只有几秒甚至更短的时间，一闪而过。

5.1.2.2 通俗性

一方面画面一闪而过，观众来不及思考字幕中某句话或者某个字词的含义；另一方面需要字幕的原声作品通常是大众化的艺术，面对的大多数是普通观众，所以语言不应该晦涩难懂，而应该通俗易懂，但是并不低俗平淡。

5.1.2.3 无注性

在传统文学翻译中，如果遇到晦涩难懂的语言或者读者不熟的文化信息，就可以通过加注的方式进行补充说明，但是字幕翻译由于受到空间和时间的制约，一般是不允许加注说明的。

5.1.2.4 口语化和口型化

字幕翻译，除少数情况下，比如新闻或者是高级的课程，需要做到非常正式或者比较书面化之外，多数情况下需要偏口语化。特别是影视字幕的翻译，绝大部分是对白，字幕翻译要表现出口头语的特点，简短，直接，生动，有较多的非正式语、语气词等。电影、电视剧的字幕翻译还具有口型化的特点，口型化就要求译文内容不仅要准确、生动和感人，还要在长短、节奏、唤起、停顿甚至口型开合等方面与剧中人物说话时的表情、口吻相一致。因此，译员在翻译时要对照视频，把自己代入剧中人物的角色进行翻译，这样才能使翻译出来的字幕具有性格和感情。

5.1.2.5 娱乐化和个性化

对于影视剧作品来说，其更为重要的功能是娱乐，所以此类字幕的翻译与传统的文学翻译相比，严肃性有了较大的改变。基于此，字幕翻译有时候可以极具个性化，可以跳出传统的翻译规则和理论的束缚，在基本表达原文意思的基础上，给观众带来更多的快乐。

5.1.3 字幕翻译的一般原则

5.1.3.1 对照视频进行翻译

字幕翻译与传统文学翻译不同的地方在于必须对照视频进行翻译，而不能只是去对照字幕原文。只有对照视频，译员才能更好地了解字幕发生的情境、讲话人是谁、讲话的语气等信息，这样翻译出来的字幕才会更准确，更符合剧中人物的性格和感情。

5.1.3.2 同步性

同步性要求每一行字幕文本的出现和消失时间需要与视频的对话或者音频内容进行匹配，没有出现明显的延迟或者不同步，以不影响观众的观看体验为准。每一行字幕的出现和消失时间是由字幕的时间轴来控制的。

5.1.3.3 可读性

可读性包括两个方面，第一从内容层面来说，字幕翻译的语言应该符合字幕翻译的特点，包括口语化、通俗性等，在准确传达视频或者音频对话内容的同时，力图简明易读。第二从字幕格式层面来说，字幕应该清晰可读，字幕的大小、字体样式和颜色都应该符合观众的观感。同时，单条时间轴字幕一般控制在一行，最多不超过两行，如果是中文行，建议每行不超过18个字符，英文行不超过75个字符，时长一般控制在0.8秒到6秒之间，过长或过短都可能会影响到观众的观看体验。

5.1.3.4 硬字幕的翻译

一般来说，字幕翻译除了翻译视频语音和对话的部分之外，视频的信息字幕、特效字幕等硬字幕也是需要翻译的。硬字幕是指嵌入视频画面与视频画面融为一体的字幕，也称为"内嵌字幕"。因为硬字幕可能会影响到观众对画面的理解，所以也是需要进行翻译的，根据不同客户的要求，有时还需要做到与画面源语言文字的大小、字体、颜色、特效等一致，以提高观众的观看体验。

5.1.3.5 专有名词的处理

字幕翻译中要特别注意专有名词的处理，包括人名、地名、组织机构的名称等，需要统一译名并且前后一致，可以通过网络搜索、工具书查找等方式，确保译名符合惯例。

5.1.4 字幕翻译的工具及流程

目前市面上有关字幕编辑与翻译的工具非常多，大体上分为两类，一类是字幕制作与编辑工具，如 Aegisub、anSuber、PopSub、SubCreator 等，另一类是带字幕翻译功能的集成性工具，如人人译视界、字幕通、网易见外、Arctime 等。随着人工智能技术的发展，以人人译视界、字幕通等为代表的集成式字幕翻译工具不仅可以实现字幕的制作和编辑等基础操作，还可以实现诸如 AI 听译、语音识别、机器翻译、术语管理、质量控制等功能。

字幕翻译的流程一般包括听录源语言字幕、源语言字幕校对、时间轴制作、字幕翻译、字幕校对、视频压制等。

5.2 字幕翻译项目实训

5.2.1 项目简介

字幕翻译作为一种重要的传播方式，承载着文化传播的责任。在翻译过程中，我们不仅需要尊重原著所传达的文化内涵和价值观，同时也要根据目标语言的文化背景进行合适的调整和本土化处理。本项目为电子科技大学博物馆宣传片的字幕翻译，源语言为简体中文，目标语言为英文，拟按照计算机辅助翻译（CAT）流程进行，采用"机器翻译+译后编辑"的模式，应用的工具主要包括字幕一体化工具人人译视界、计算机辅助翻译工具 YiCAT 和术语提取工具语帆术语宝。电子科技大学博物馆宣传片作为展示学校历史、文化与科技成果的重要媒介，其字幕翻译的质量直接关系到学校形象与文化传播的效果。本项目的目标是训练学生在计算机辅助翻译环境下进行高效、准确的字幕翻译，同时提升学生的项目管理能力和跨文化交际能力。

5.2.2 工具介绍

5.2.2.1 人人译视界

人人译视界是武汉译满天下科技有限公司旗下三端智能协同翻译工具，三端包括Web端、APP端和PC端。人人译视界是一款字幕翻译一体化工具，集成了包括智能听译、智能打轴、机器翻译、特效制作、视频压制等功能。人人译视界的PC客户端主界面如图5-1所示，包括主选项区、字幕编辑主菜单栏、视频文件预览区、字幕与时间轴编辑区等。

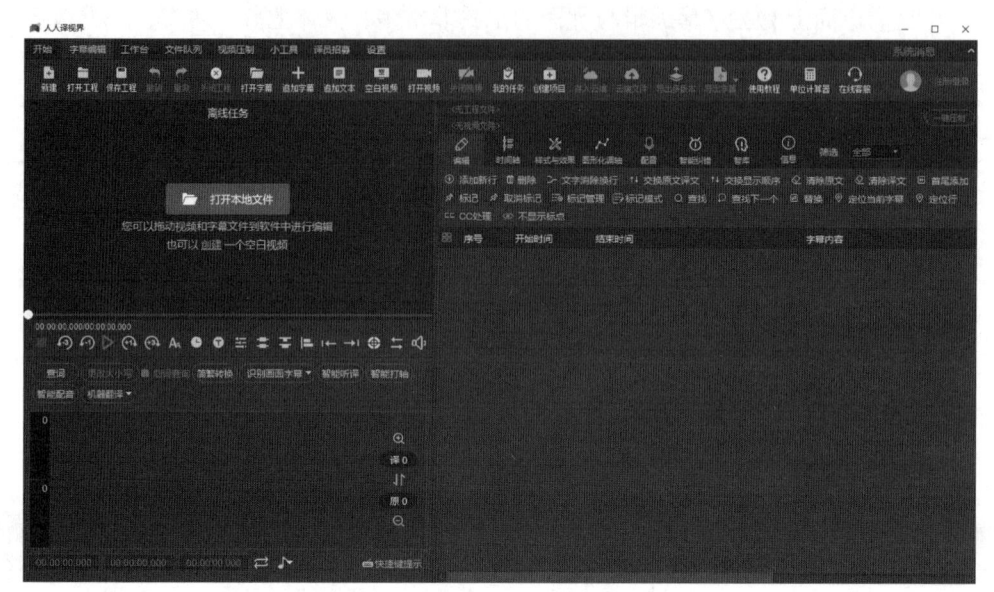

图5-1 人人译视界的PC客户端主界面

5.2.2.2 YiCAT

YiCAT在线翻译管理平台（https://www.yicat.vip/）是由上海一者信息科技有限公司自主研发的在线翻译管理平台。平台操作简单、运行流畅，具有多语种多格式支持、实时掌控翻译项目进度、高效团队管理及多人协同翻译、文档拆分与任务分配、译审同步、机翻与译后编辑结合等特点。YiCAT的主界面如图5-2所示，包括左侧菜单栏、顶部菜单栏和主页面三个部分。

图5-2 YiCAT的主界面

5.2.3 译前处理

5.2.3.1 听录源语言字幕

人人译视界提供了两种听录源语言字幕的方式，一种是人工听写，一种是智能听译。人工听写，就是通过人工的方式，听取视频中的人声，并手动输出对应的字幕稿，适用于视频专业度较高，或方言、噪声较多等场景。而智能听译是指利用人工智能技术对音/视频文件进行语音识别，一键产出字幕文件（srt格式文件，包含时间轴和相应的转写文本）的服务。智能听译的操作非常简单，这里主要给大家演示如何通过人工听录的方式获取源语言字幕。

步骤1：在软件界面的功能引导中，选择左下角的"人工听写"，进入人工听写的操作界面，如图5-3所示。

图5-3　人工听写的操作界面

步骤2：选择"打开本地文件"，导入视频文件，如图5-4所示。

图 5-4　打开本地文件

步骤 3：导入视频文件后，即可边播放视频文件边开始进行人工听写。在人工听写时，界面可分为三个部分：左上角是视频预览区，左下角为字幕编辑区，右侧则为其他功能区及快捷键显示区，如图 5-5 所示。

图 5-5　人工听写的界面

步骤 4：在开始输入字幕时，客户端会弹出保存工程的提示，需要选择所输入的文字语言，以及需要保存文件的位置。设置好之后，确定即可，如图 5-6 所示。

图5-6 保存工程

步骤5：在人工听写时，可以采取播放视频、听取字幕，暂停视频、输入字幕的方式来交替进行。视频的播放、暂停、前进和回退可以通过视频预览区下方的功能区来控制，如图5-7所示；也可以通过快捷键来控制视频的播放和暂停，图5-8展示了软件中的常用快捷键。如果视频的语速过快或过慢，可以通过调整视频的播放速度来实现视频的快速或者慢速播放。

图5-7 视频播放控制区

图5-8 常用快捷键

步骤6：在听写字幕的过程中，有时难免会出现部分字幕听不清楚的情况，可以使用"标记"功能暂时对不确定的字幕进行标记，并继续进行后续的听写工作，全部听写完成后再对标记的字幕进行进一步的确认，如图5-9所示。

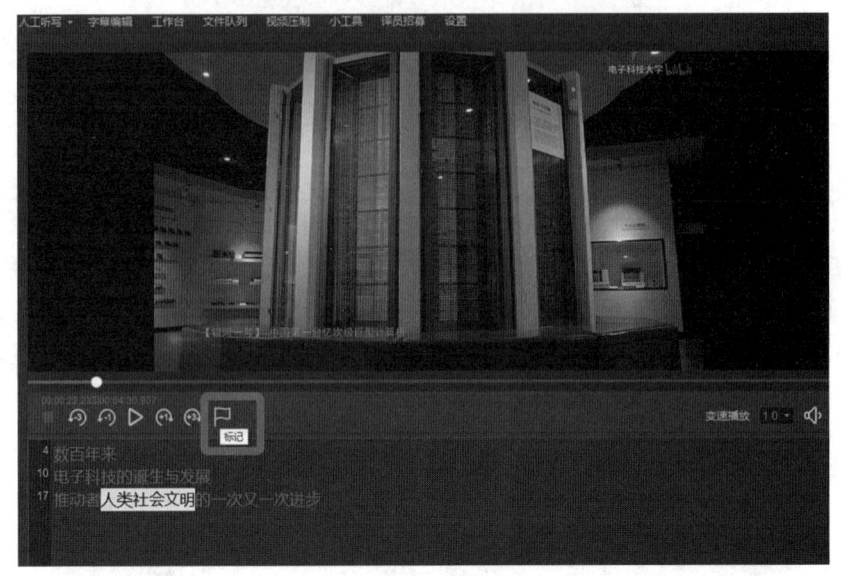

图5-9　人工听写的标记功能

步骤7：所有的听写工作结束后，可以选择"导出"，导出.txt格式的文本文件，也可以选择"去打轴"或者"去翻译"进行下一步的工作，如图5-10所示。

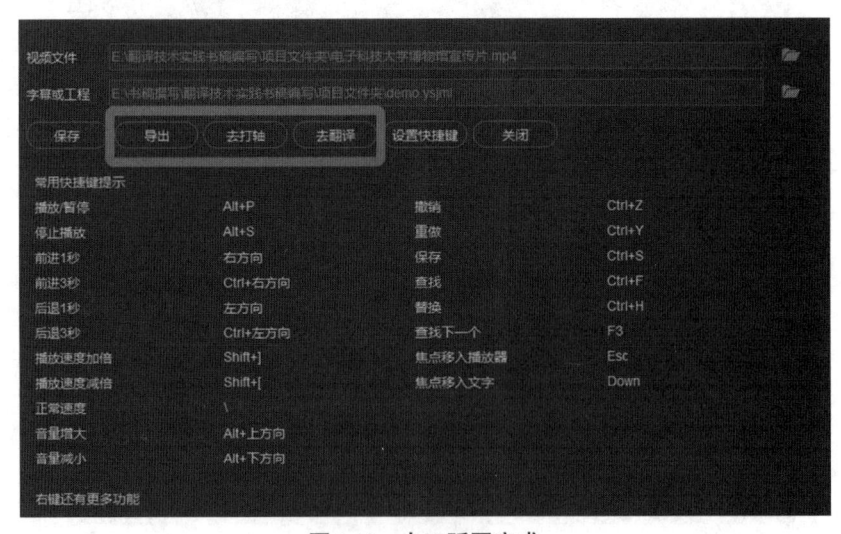

图5-10　人工听写完成

5.2.3.2 时间轴制作

时间轴制作在字幕组中叫作打轴。不同于文档翻译，打轴这个环节是字幕翻译中特有的工作，因此打轴的快慢和准确性直接影响到字幕翻译的效率。虽然现在有些集成化软件具有自动打轴的功能，但有时自动打轴的效果并不理想，后期需要大量的人工调整，所花费的时间甚至要多于人工打轴，特别是对于一些比较嘈杂、背景声音比较大的视频。人人译视界也提供了两种打轴的方式，一种是智能打轴，一种是人工打轴。智能打轴的操作非常简单，这里主要给大家介绍人工打轴的步骤。

步骤1：在软件界面的功能引导中，选择下方的"人工打轴"，进入人工打轴的操作界面，如图5-11所示。

图5-11　选择人工打轴的操作界面

步骤2：进入人工打轴的工作界面，可以看到界面分为四个部分：左上角为视频预览区，左下角为快捷键及素材位置，右侧则为图形化调轴和字幕列表。点击"打开本地文件"导入视频，如图5-12所示。

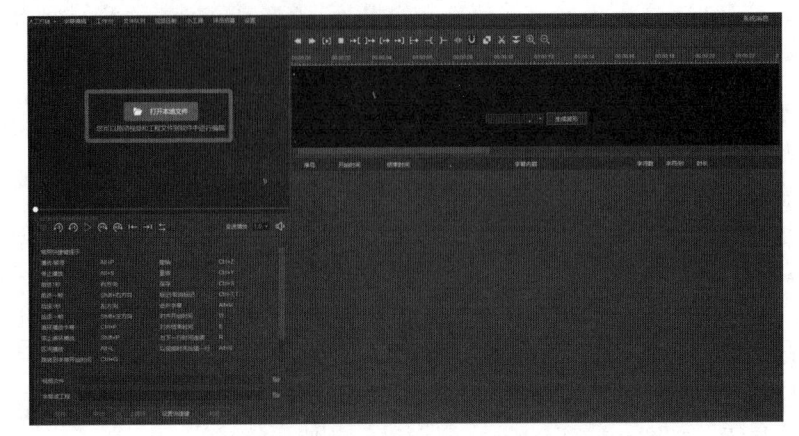

图5-12　人工打轴的工作界面

步骤3：字幕内容需要提前进行处理，按照字幕的断句规则分割成一句一行的形式，并以TXT的格式进行保存。点击左下角"字幕或工程"后面的"打开"图标，选择提前处理好的字幕文件，选择"打开"，如图5-13所示。

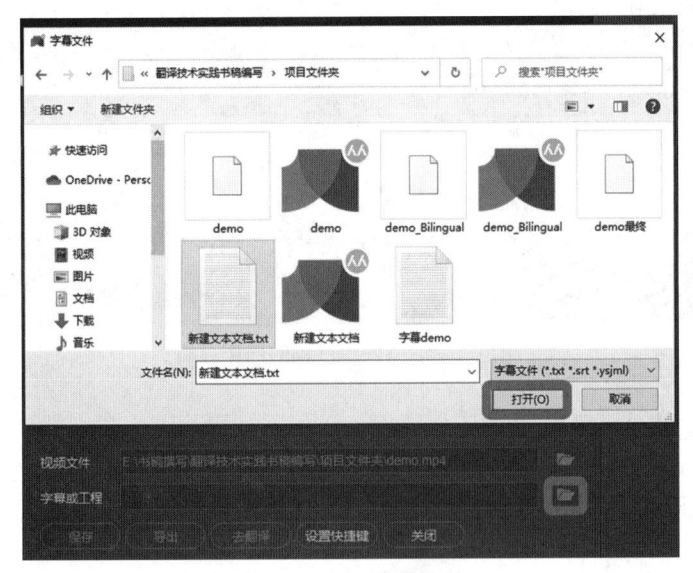

图5-13　打开字幕文件

步骤4：接下来会弹出"新建工程"对话框，进行相应的设置，包括工程文件名和保存位置的设置，原文语言这里选择"简体中文"，译文语言选择"暂不翻译"，字幕格式选择"SRT字幕"，导入前内容选择"每行为一条对话"，文本编码选择"UTF-8"。设置好之后，点击"确定"即可，如图5-14所示。

第五章　字幕翻译项目实践

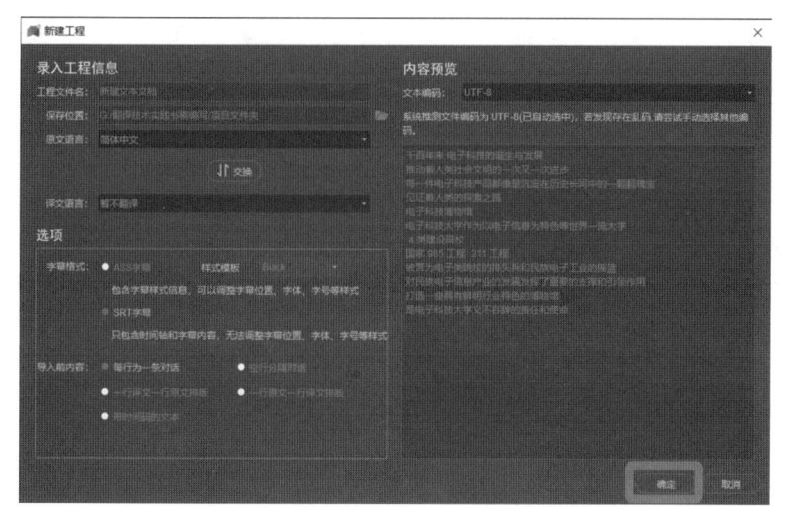

图5-14　新建工程界面

步骤5：接下来就可以开始进行打轴操作。点击选中第一条字幕，点击播放控制区域的播放按钮或者按下快捷键Alt+P播放视频，视频播放至字幕/语音开始的一帧，点击"对齐开始时间"或者按下快捷键W，修改选中字幕的开始时间，如图5-15所示。

图5-15　播放开始的打轴操作

步骤6：当视频播放至字幕/语音结束的后一帧，点击"对齐结束时间"或者按下快捷键E，修改选中字幕的结束时间。当完成第一条字幕的结束时间打轴后，选中的字幕会自动变为第二行，如图5-16所示。

图5-16　播放结束的打轴操作

如果本条字幕的结束时间点与下一条字幕的开始时间非常接近，就可按快捷键R，直接确定本条字幕的结束时间和下条字幕的开始时间。

步骤7：继续打轴操作，找到第二行字幕的开始时间和结束时间，直至打完所有字幕行的时间轴，在此过程中，可以利用快捷键Alt+P控制视频的播放和暂停。

步骤8：也可以根据视频的音轨波形的起伏，来确定视频人声的开始/结束时间。这适用于背景声较少，人声和停顿清晰的视频。首先需要生成波形，点击左上窗口中的"生成波形"按钮即可，如图5-17所示。

图5-17　生成波形界面

步骤9：选中一条字幕后，用鼠标选中波形图中的对应区域，选中部分会变成红色，鼠标放到上面，会弹出"双击修改当前字幕时间"的提示，此时，双击鼠标即可修改当前选中字幕行的开始和结束时间，如图5-18所示。

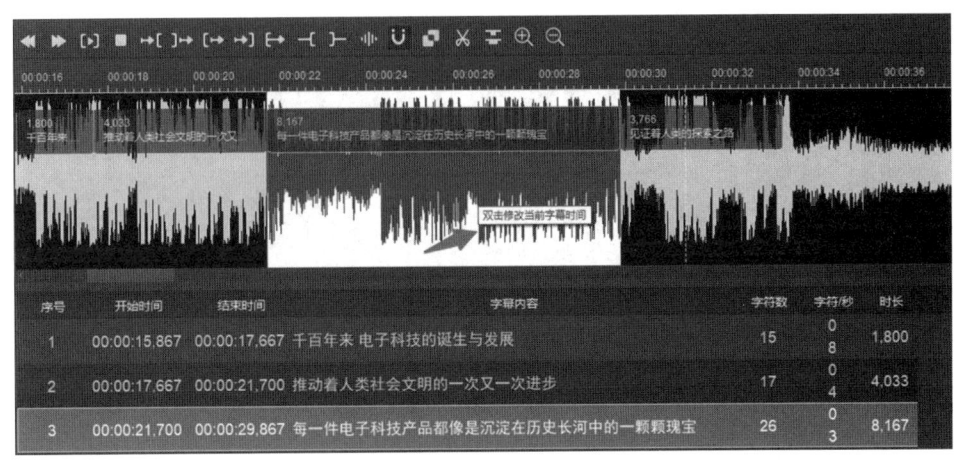

图5-18 双击修改当前字幕时间

步骤10：如果需要调整字幕的开始时间或者结束时间，选中字幕后，拖动红色或者蓝色的虚线，即可进行修改，如图5-19所示。

图5-19 调整字幕的开始/结束时间

步骤11：所有的打轴工作结束之后，如不需要进行翻译，即可直接保存和导出文件。点击左下角的"导出"按钮，弹出"导出字幕"的对话框，选择导出的格式，进行选项的相关设置，导出文件名和路径的选择，之后点击"导出"即可，如图5-20所示。

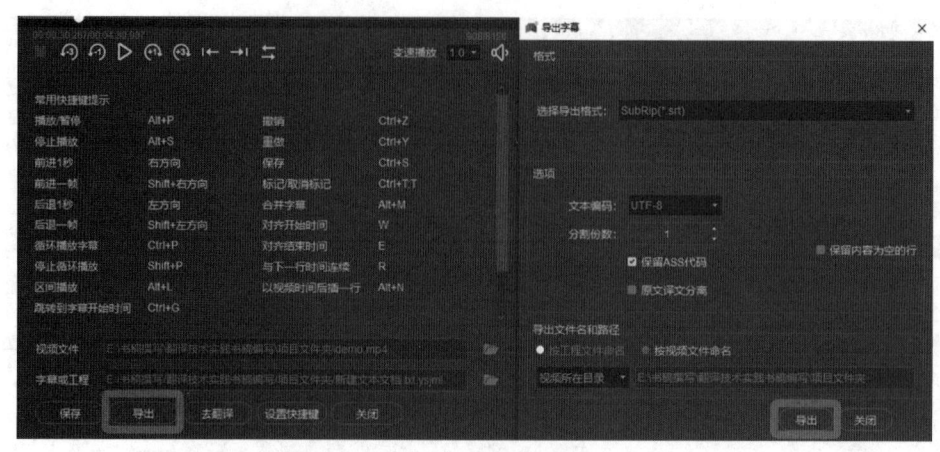

图 5-20 导出字幕

5.2.3.3 译前资源的准备

这里的译前资源包括制作翻译记忆库所需的对齐语料的准备和译前术语的提取。

步骤1：搜集与本项目相关的双语素材，进行语料对齐，并导出为TMX格式，以供后续使用。

步骤2：术语的提取。很多CAT工具都带有术语提取的功能，目前还没有一款非常完美的术语提取软件，都需要在软件自动提取的基础上进行人工筛选。这里我们拟采用语帆术语宝进行术语的提取操作。语帆术语宝是一款在线术语管理工具，不需要进行软件的下载和安装。注册并登录后，选择主页面上方的"术语提取"中的"单语提取"，如图5-21所示。

图 5-21 语帆术语宝的界面

步骤3：进入"单语提取"页面，选择"原文语种"和"译文语种"，然后选择"输入文本"或"上传文件"或"上传文件夹"选项，这里选择"上传文件"，如图5-22所示。上传之前听录好的源语言字幕文件，然后点击"下一步"，如图5-23所示。

图5-22　上传文件

图5-23　上传文件完成

步骤4：提取设置。在该页面，用户根据项目需求对"词频"（术语出现的最低次数）、"限制词长"（术语单词或汉字的长度）、"停用词表"选项做出设置。设置完成后，点击提取，如图5-24所示。

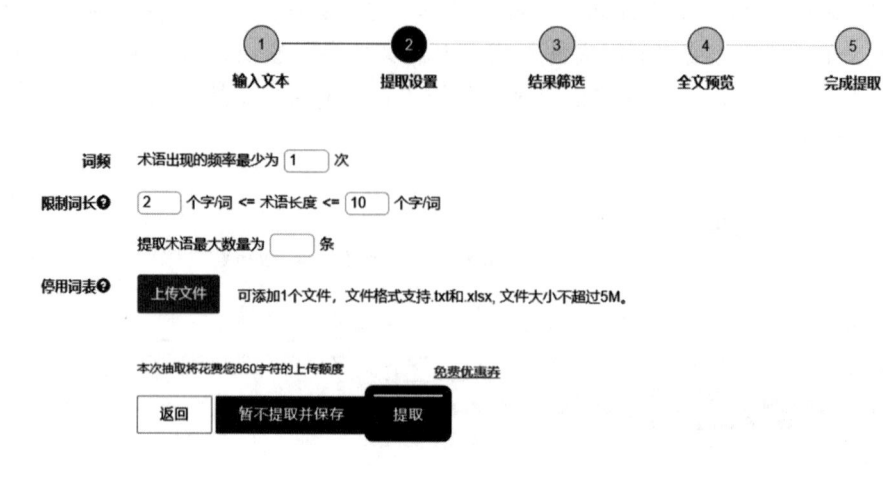

图 5-24 提取设置

步骤 5：结果筛选。显示共提取到 41 条术语，包括词频、术语原文、术语译文以及术语例句。默认情况下，术语为全选状态，根据项目需求，勾选或者取消所给出的术语。术语的译文可以在此进行修改和确认，然后点击下一步，如图 5-25 所示。

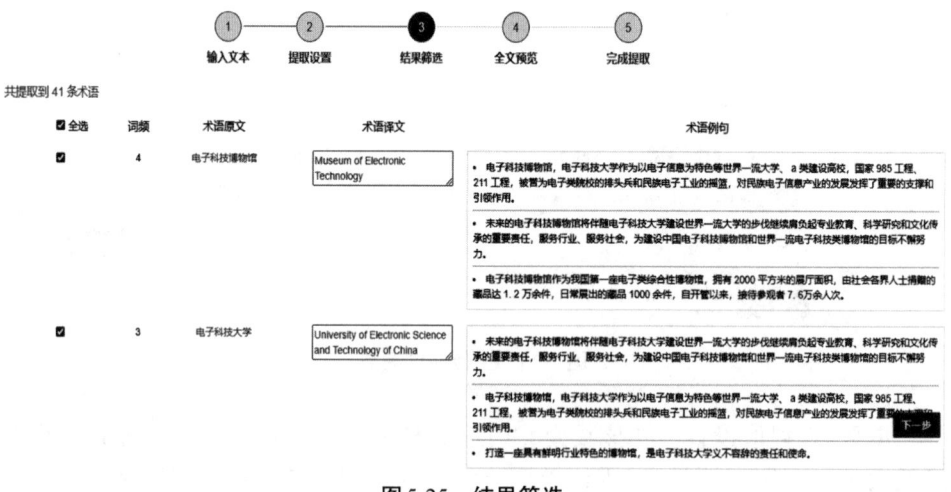

图 5-25 结果筛选

步骤 6：全文预览，以高亮形式显示出已筛选的术语，在此页面可通过"划词"添加术语，再次滑动添加的术语可以取消术语，如图 5-26 所示。

第五章 字幕翻译项目实践

图 5-26 全文预览

步骤 7：保存导出提取的术语，以供后续使用。可以下载为 CSV 或者 TBX 格式，也可以在线保存，这里点击"下载为 TBX"，会弹出设置标签的对话框，输入想要标记的标签，点击"提交"即可，如图 5-27、图 5-28 所示。

图 5-27 保存导出

图 5-28 设置标签

5.2.4 译中实践

译中阶段主要是字幕的翻译，这里拟采用计算机辅助翻译平台 YiCAT 进行字幕的翻译，原因在于前文中导出的 SRT 字幕格式可以直接导入 YiCAT 中进行翻译。YiCAT 不仅可以完好保留原始字幕的翻译格式，保护非译内容，比如原始字幕文本中的时间码、句子序号等，翻译完成后，YiCAT 还可以完好地导出原始文件及所有文本信息。同时，计算机辅助翻译软件中的翻译记忆库可供译员检索和参考。术语库功能可以保证术语的一致性，比如原文中出现的人名、地名、物名、专有名词等高频术语。除此以外，译员还可以利用计算机辅助翻译软件中内置的机器翻译引擎进行快速自动翻译，然后在机器翻译的基础上进行译后编辑，从而提高翻译的效率。

利用 YiCAT 平台新建项目、任务分配、翻译、审校的过程请参看第三章的内容。本小节主要介绍 YiCAT 平台上的 QA 检查部分。

5.2.4.1 QA 检查

步骤1：QA 检查可以帮助我们检查出比较粗浅或者低级的错误。在编辑器中，选择"QA 设置"后，可在设置 QA 规则弹窗中启用或取消要检查的规则。编辑器中的 QA 设置与项目中的 QA 设置同步，项目中启用的规则，编辑器界面会同步项目的 QA 设置，且无法进行修改，可在此基础上，添加其他需要检查的错误，并对其设置严重级别，如图 5-29、图 5-30 所示。

图 5-29　QA 设置

图 5-30　设置 QA 规则

步骤2：启用规则后，如果确认句段的译文触犯了相应规则，YiCAT 就将在不符合规则的句段右侧显示 ⚠（轻微错误）、⚠（一般错误）、⚠（严重错误）三种图标提醒。

步骤3：若译员或者审校在编辑完译文后，或者项目经理在导出译文前，需要对译文进行整体的 QA 检查，可选择 "QA 设置" 下面的 "运行 QA"，如图 5-31 所示。选择后，YiCAT 将自动对全文进行 QA 验证，并在不符合 QA 规则的句段右侧提示 QA 错误。

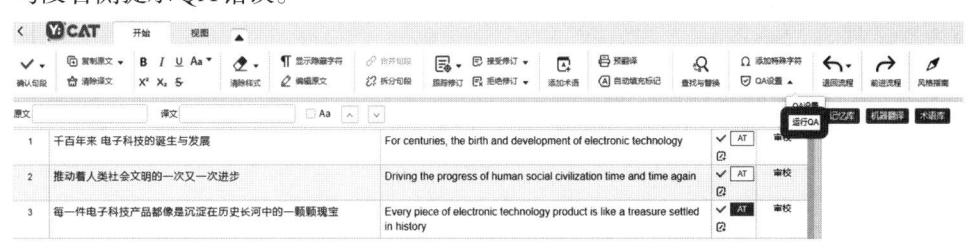

图 5-31　运行 QA

步骤4：查看 QA 结果，鼠标移至提醒符号 ⚠，可查看此句段的 QA 错误条数，点击 ⚠，可在界面右下角查看具体的 QA 错误，可根据提示进行修改，如图 5-32、图 5-33 所示。

图 5-32　查看 QA 错误

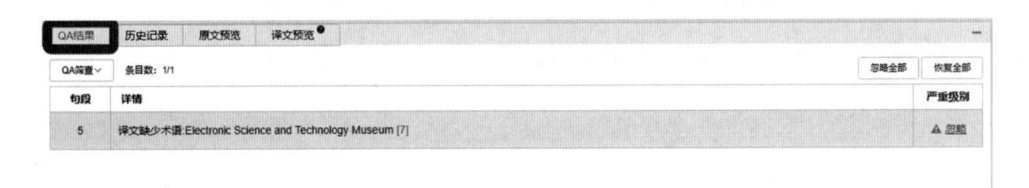

图 5-33　查看 QA 结果

步骤 5：在 QA 结果中，译员可以通过严重级别和显示内容两种筛选条件来筛查 QA 结果。点击 "QA 筛查" 按钮，下拉菜单默认展示所有信息，可根据需要勾选或取消筛选条件，如图 5-34 所示。

图 5-34　筛查 QA 结果

步骤 6：忽略和恢复 QA 结果。所有的 QA 错误皆为系统自动提示，提示的某些错误可能会有误报情况。这种情况下，可以选择忽略 QA 错误，如图 5-35 所示。QA 错误忽略后，将不会在句段右侧展示 QA 提醒图标。若在忽略 QA 错误后希望查看之前忽略的 QA 错误，就可选择恢复，如图 5-36 所示。恢复 QA 错误后，QA 提醒图标将重新在句段右侧展示。

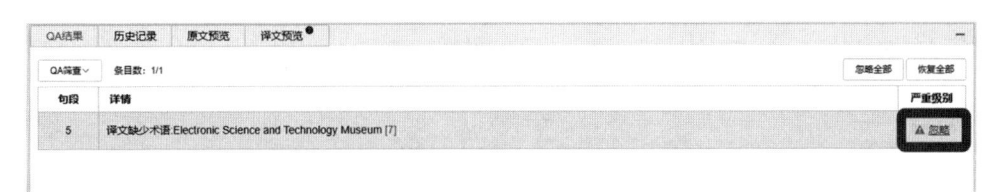

图5-35　忽略QA错误

图5-36　恢复QA错误

步骤7：如果QA错误有很多，可以批量忽略和恢复全部QA错误。在"QA结果"页面，点击"忽略全部"或"恢复全部"选项，忽略和恢复全部QA错误，如图5-37所示。忽略全部QA错误后，句段右侧的所有QA提醒将全部消失。恢复全部QA错误后，句段右侧的所有QA提醒将全部还原展示。

图5-37　忽略或者恢复全部QA错误

5.2.5　译后收尾

5.2.5.1　译文导出

在YiCAT中，仅项目经理、管理员和超级管理员可以从项目维度导出译文，分别可以在项目详情页、项目列表或编辑器三个地方导出译文。

步骤1：在项目详情页找到需要导出文档的文件，鼠标移到紫色进度条上面，若翻译和审校的进度均为100%，则表示项目已完成，如图5-38所示。点击右侧的"…"，点击"导出"按钮，即可选择导出目标文件、双语文件、QA报告、原文、TMX文档和工作流文档，这里选择双语文件（图5-39），将会弹出"文件生成成功"的提示。点击"点此下载"（图5-40），将会得到跟原文格式一致的双语SRT文档。

图 5-38　项目详情页

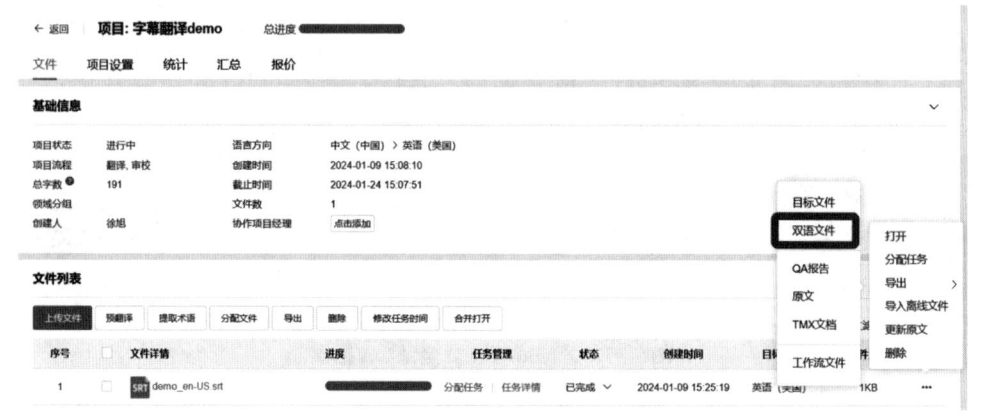

图 5-39　导出双语文件

图 5-40　成功导出文件

步骤 2：在项目列表页面也可以进行译文的导出。在项目列表页面找到需要导出文档的项目，点击右侧的"..."，点击"导出"按钮，即可选择导出目标文件、双语文件、QA 报告、原文和 TMX 文档，此处选择"双语文件"，如图 5-41 所示。之后会弹出"文件生成成功"的提示，选择"点此下载"，即可进行文件的下载，如图 5-42 所示。

图 5-41　项目列表界面进行文件导出

图 5-42　文件导出成功提示

步骤 3：在编辑器页面也可以进行译文的导出。进入编辑器界面，直接点击编辑器右上方的"导出"按钮，导出目标文件、双语文件、原文和 TMX 文档，这里寻找双语文档，如图 5-43 所示。之后会弹出"文件生成成功"的提示，选择"点此下载"，即可进行文件的下载，如图 5-44 所示。

图 5-43　在编辑器界面进行文件导出

图 5-44　文件导出成功提示

5.2.5.2 语言资产的管理

步骤1：创建项目时已经新建了翻译记忆库，并且启用了"写入"功能，则经过翻译和审校确认的句段会自动更新到此记忆库中，如图5-45所示。

图5-45 主翻译记忆库的设置

步骤2：同类型的记忆库可以被合并，方便管理。点击语言资产-记忆库管理，选择需要合并的记忆库，点击上方的"合并"按钮即可，如图5-46所示。这里需要注意的是仅同一语言方向、同一操作模式的记忆库可合并；一次仅能合并两个记忆库；记忆库被合并后不可恢复，务必谨慎操作。

图5-46 合并记忆库

步骤3：在弹出的"合并记忆库"对话框内，选择合并模式、访问权限，并设置合并后的记忆库名称，点击"合并"，如图5-47所示。

图 5-47　合并记忆库设置

步骤 4：不需要的记忆库可以被删除。进入记忆库管理界面找到待删除的记忆库，点击右侧操作栏中的"删除"即可，如图 5-48 所示。这里需要注意的是，记忆库为团队的重要资源，仅超级管理员和资产经理才可删除；记忆库被删除后不可恢复，请谨慎操作。

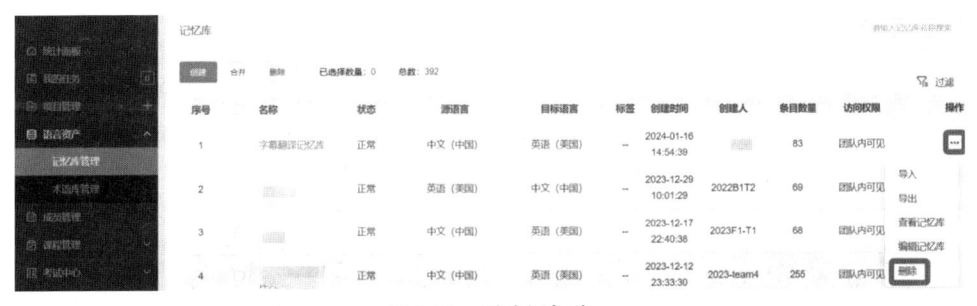

图 5-48　删除记忆库

步骤 5：导出记忆库。进入记忆库管理界面找到待导出的记忆库，点击右侧操作栏中的"导出"，选择 Excel 格式或者 TMX 格式，如图 5-49 所示。这里需要注意的是，记忆库为团队的重要资源，仅超级管理员和资产经理才可导出。

图 5-49　记忆库导出

步骤 6：术语库的管理方式同翻译记忆库相同，也可以进行合并、导出、删除等操作，路径在语言资产-术语库管理里面，如图 5-50 所示，这里不再赘述。

图 5-50　术语库管理

5.2.5.3　硬字幕处理

在完成了对话字幕的制作和翻译之后，译员还需要对视频中的硬字幕进行处理。硬字幕是指压制在视频中不能通过技术手段快速、准确提取出来的字幕，比如说人名、影片名、书名，以及需要解释说明的文字，比如以下视频画面中方框中的文字，如图 5-51 所示。

图 5-51　硬字幕示例

步骤1：打开人人译视界软件，点击字幕编辑下的"打开本地文件"，打开之前需要添加字幕的视频文件，如图5-52所示。

图5-52 打开本地文件

步骤2：点击上方的"打开字幕"，选择从YiCAT软件导出的经过翻译之后的双语SRT文件，如图5-53所示。这时会弹出"新建工程"的对话框，设置文件名、保存位置以及原文译文语言之后，点击"确定"即可，如图5-54所示。

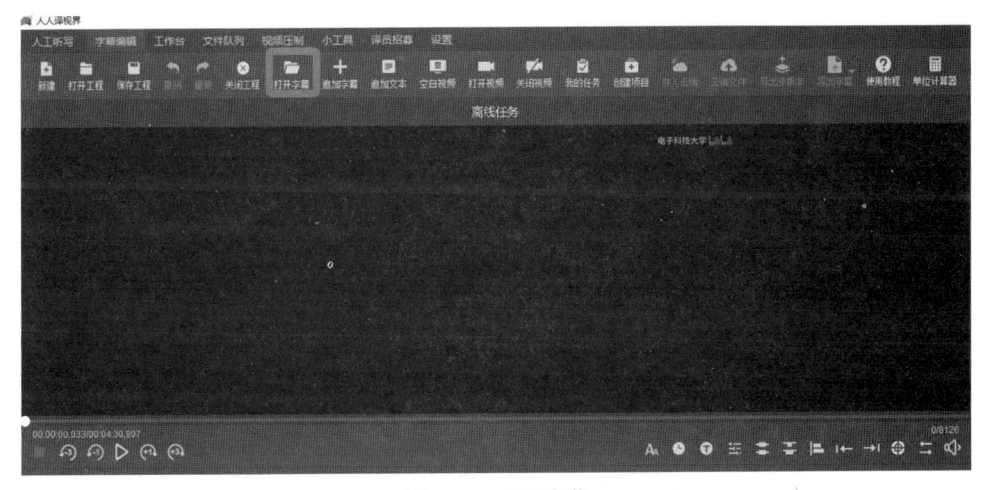

图5-53 打开字幕

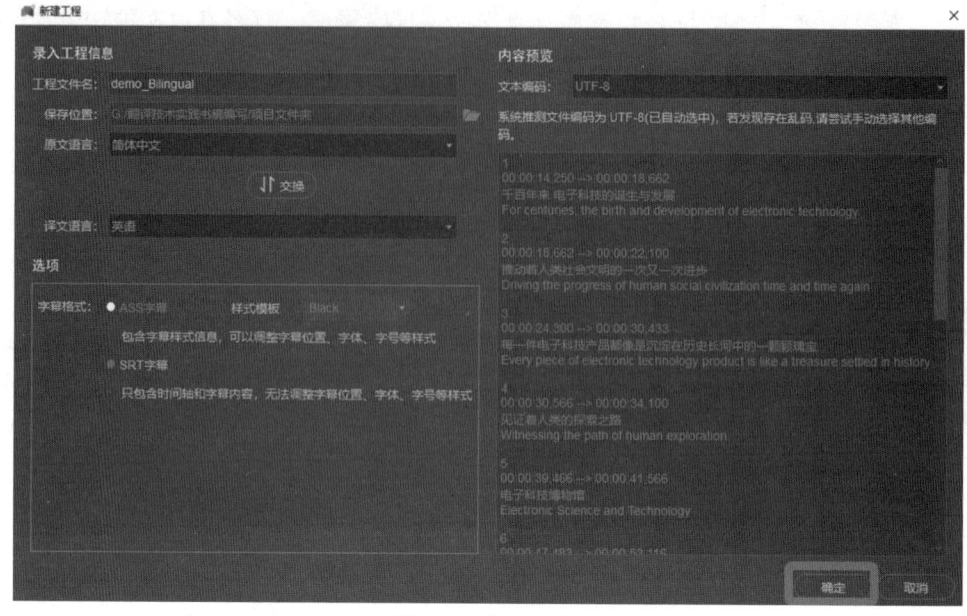

图 5-54　新建工程

步骤 3：可以看到经过 YiCAT 软件翻译之后的 srt 文件准确地保留了时间轴等信息。在需要添加硬字幕的位置点击鼠标右键，选择"字幕编辑"中的"插入新行（之前）"，即可插入一行新的空白时间轴，如图 5-55 和图 5-56 所示。

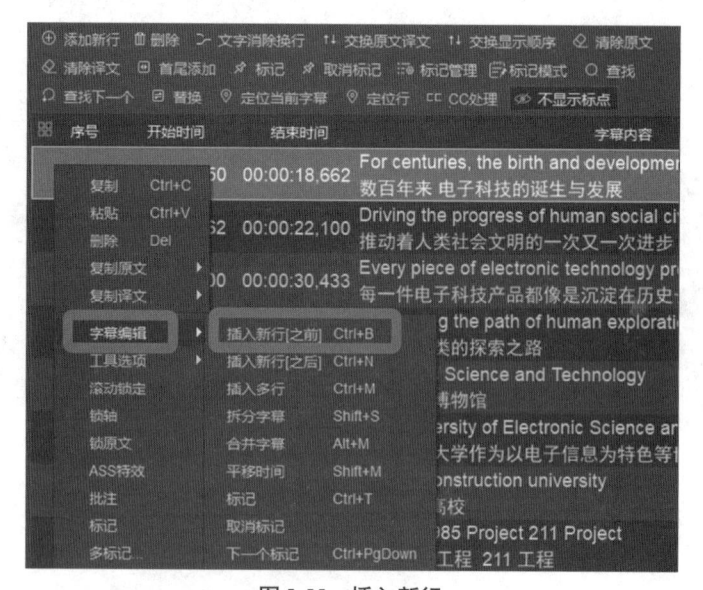

图 5-55　插入新行

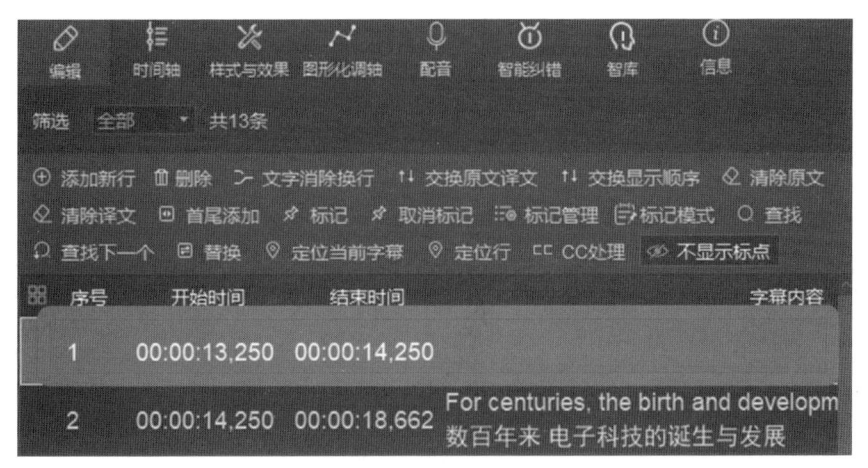

图5-56 新行插入成功

步骤4：在左下角字幕区手动输入硬字幕的译文，并按照之前所讲的时间轴制作的方法进行打轴操作，如图5-57所示。

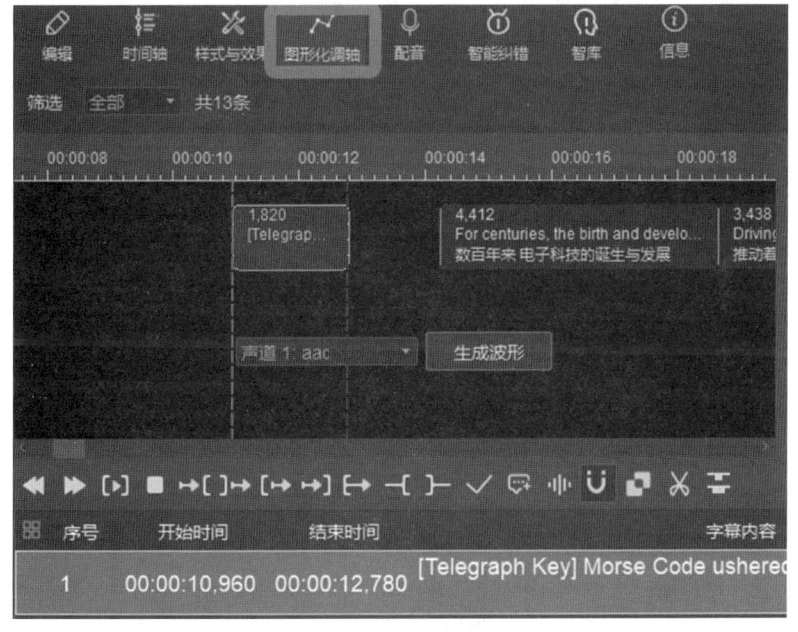

图5-57 图形化调轴

步骤5：因为硬字幕的处理需要与原字幕的样式风格和排列保持统一，包括字幕的字体、颜色、大小、位置等，这时候就会涉及字幕样式的修改。如果是SRT格式字幕，那么直接修改字幕样式是没有变化的，需要把字幕导出为ASS格式，再修改样式才会有效果。因为只有 ASS 格式字幕才支持样式设置，SRT 格式字幕只记录了时间轴和文本信息。点击右上角"转换为 ASS"，如图 5-58 所示，即可一键将当前字幕格式转换为 ASS 格式。这时可以看到右上角显示"当前字幕为 ASS"字样，如图 5-59 所示。

图 5-58　转换为 ASS

图 5-59　当前字幕为 ASS

步骤 6：当前字幕转换为 ASS 格式之后，即可对硬字幕的样式进行修改。选择需要设置格式的字幕行，点击鼠标右键，选择"ASS 特效"（图 5-60），将会弹出"ASS 特效"对话框，即可对字幕的字体、颜色、大小、位置等进行调整，并且可以预览到实时的修改效果，如图 5-61 所示。

图 5-60　ASS 特效

图5-61　ASS特效修改

步骤7：如果对字幕应用了样式调整，那么在重新将字幕转换为SRT格式的时候，在弹出的对话框中，务必要勾选"保留ASS代码"，否则转换为SRT格式后，ASS中的字体、颜色等信息会丢失，如图5-62所示。

图5-62　转换为SRT格式

步骤8：按照以上的步骤完成视频中所有硬字幕的处理，包括硬字幕的翻译、时间轴制作以及字幕样式调整。

5.2.5.4　时间轴编辑与除错

步骤1：字幕在经过了翻译之后，可能会出现一句字幕过长或者过短的情况，这时候可以进行字幕的编辑操作。选择需要修改的字幕行，点击鼠标右键，选择"字幕编辑"中的"合并字幕"或者"拆分字幕"即可，如图5-63所示。

图5-63 合并/拆分字幕

步骤2：字幕翻译中，低错校对中存在的问题主要有7大类，分别为单复数错误、大小写错误、标点符号错误、主谓不一致错误、拼写与时态错误、冠词与介词错误以及时间轴长度与重叠问题。人人译视界提供了包括字幕除错、拼写检查和一致性检查的功能，如图5-64所示。

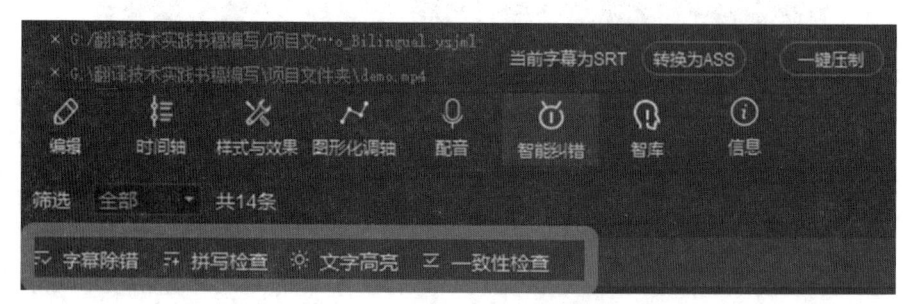

图5-64 人人译视界的低错校对

步骤3：点击"字幕除错"，在弹出的"检查除错"对话框中，勾选除错的范围，包括时间轴除错，比如时间轴重叠、开始时间大于结束时间的错误等；字符与行数方面，可以检查出超过规定行数的字幕和超过规定字符的字幕；内容方面，可以检查出字幕中的多余空格、标点符号错误等问题，设置好之后，点击左下角的"检查"即可，如图5-65所示。

图 5-65　检查除错

步骤4：检查出错误之后，会在右侧的错误项列表展示出来，根据显示的字幕序号和类型，定位到相应的字幕行进行修改即可，如图5-66所示。

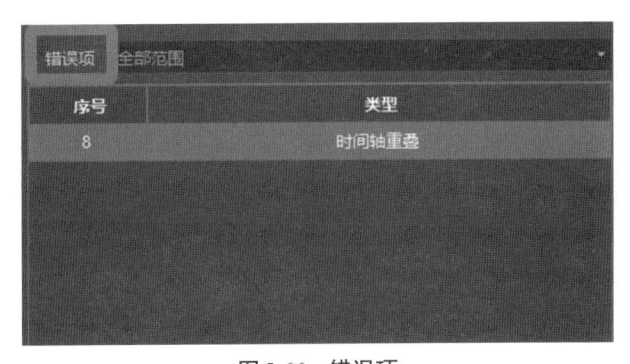

图 5-66　错误项

步骤5：点击"一致性检查"，可以对当前双语字幕进行检查，检查出完全相同原文被翻译成不同译文的情况，用于排除翻译时的低级错误，如图5-67所示。

图5-67　一致性检查

5.2.5.5　视频压制和导出

步骤1：字幕导出。字幕可从客户端导出为两种格式，即SRT和ASS格式，可根据实际情况灵活选择。这里选择上方"导出字幕"里面的"导出文本字幕"，导出格式选择SRT，勾选"保留ASS代码"，设置导出文件名和路径，点击"导出"即可，如图5-68、图5-69所示。

图5-68　导出字幕

图 5-69 导出字幕设置

步骤 2：视频压制。点击标签"视频压制"，导入要压制的视频和字幕，设置编码模式、分辨率和压制时间等，设置好之后，点击开始压制，将会自动开始视频压制，如图 5-70 所示。

图 5-70 视频压制设置

步骤3：视频压制需要耗费一定的时间，压制完成后，将会弹出"视频压制成功"的提示，如图5-71所示。

图5-71 视频压制成功

5.3 字幕翻译项目总结

本项目为电子科技大学博物馆宣传片的字幕翻译，源语言为简体中文，目标语言为英文，按照计算机辅助翻译流程进行，分为译前阶段、译中阶段和译后阶段，采用的模式为机器翻译+译后编辑，应用的工具主要包括字幕一体化工具人人译视界、计算机辅助翻译工具YiCAT和术语提取工具语帆术语宝。接下来笔者首先从CAT技术在字幕翻译中应用的角度对译前、译中和译后三个阶段进行总结；其次，对该项目所达成的思政育人目标进行总结。

接下来笔者从CAT技术在字幕翻译中应用的角度对译前、译中和译后三个阶段进行总结。

5.3.1 译前阶段

译前阶段主要包括听录原语言字幕、时间轴制作、格式转换以及术语提取。听录原语言字幕和时间轴制作可以采取人工的方式，也可以利用软件提供的"智能听译"和"智能打轴"的方式，两种方式各有优缺点，具体需要根据视频的质量、声音的质量来进行选择。

字幕翻译前通常需要进行格式转换和术语提取的操作。格式转换是翻译的前提和基础，术语提取是为了达到整个视频术语翻译的一致性，这两个环节通过借助 CAT 工具可以极大提高操作的效率。一是 CAT 技术可以完好保留原始字幕的翻译格式。目前，YiCAT 等主流 CAT 工具支持直接导入 SRT 格式字幕进行翻译，不用进行格式转换的操作。同时 CAT 工具可以保护非译内容，比如字幕文本中的时间码、句子序号等，翻译完成后，YiCAT 可以完好地导出原始文件及所有文本信息。二是 CAT 工具支持术语的提取和确认，比如原文中出现的人名、地名、物名、专有名词等高频术语。这些术语被提取出来并经过筛选之后，可以制作成术语库供翻译团队成员共享，保证整部作品中术语前后的一致性，从而提高翻译的质量和效率。

5.3.2 译中阶段

字幕翻译，特别是影视字幕的翻译，绝大部分是对白，往往需要结合实际语境，这样翻译出来的字幕才会更准确，更符合剧中人物的性格和感情。CAT 技术中的翻译记忆库功能可以为每部影视剧创建一个统一的数据库，用于存储多样化表达，译者在翻译的时候可以进行检索和参考，从而保证整体风格的统一。随着翻译的不断进行，确认的句段可以更新到记忆库中，翻译记忆库积累的语料越来越多，成为重要的语言资产，后续将发挥更大的作用。同时，CAT 工具中通常内置有不同的机器翻译引擎，可以很方便地进行调用，运用机器翻译+译后编辑的流程可以极大地提高翻译的效率。

当前字幕翻译项目特别是影视剧作品的翻译往往存在时间紧、任务量大的情况，这时就需要多人协作进行。以 YiCAT 为代表的计算机辅助翻译工具的协作功能可以很好地解决项目管理、翻译和审校协同的问题。在项目协作的过程中译员和审校分工协作，并可实现译审同步，项目经理可随时跟进项目进度，及时协调项目人员，系统化把控项目流程。

5.3.3 译后阶段

字幕翻译跟其他类型的翻译一样，质量要求非常高，除语言文字上的错误以外，其他一些细微错误比如标点符号、数字等，都会影响观众对作品的理解。CAT 工具自带的 QA 检查功能可以帮助我们检查出这些细微错误，包括标点符号、标记、术语一致性、数字等诸多问题，从而有效节省时间成本和人力成本。

5.3.4 项目的思政育人目标达成效果

在此次电子科技大学博物馆宣传片的字幕翻译项目中，学生深入理解了中国电子科技的发展历程。通过这一过程，他们的文化自信得到了显著增强。在项目实践的过程中，学生学习并内化了翻译行业的职业道德规范，包括对原文的尊重和对目标语言文化的准确传达，强化了职业道德意识，提升了职业素养。此外，本项目的实践经历使学生深刻认识到作为翻译专业从业人员，在促进文化交流和提升国家软实力方面所扮演的关键角色，从而增强其社会责任感。

参 考 文 献

[1] 丁玫.计算机辅助翻译实用教程[M].北京:冶金工业出版社,2018.

[2] 梁晓涛,汪文斌.搜索[M].武汉:武汉大学出版社,2013.

[3] 王华树.计算机辅助翻译实践[M].北京:国防工业出版社,2016.

[4] 戴光荣,王华树.翻译技术实践教程[M].北京:北京大学出版社,2022.

[5] 王华树,李莹.翻译技术简明教程[M].广州:世界图书出版广东有限公司,2019.

[6] 一者科技.YiCAT帮助中心[DB/OL].https://help.tmxmall.com/hc/zh-cn.2019.

[7] 武汉译满天下科技有限公司.人人译视界[DB/OL].https://www.1sj.tv/.

[8] 张雪,孙宏宇,辛东兴,李翠平,陈红.自动术语抽取研究综述[J].软件学报,2020,31(7):2062-2094.

[9] 罗季美,李梅.机器翻译译文错误分析[J].中国翻译,2012,33(05):84-89.

[10] 斑斓科技.翻译技术|斑斓科技小助手[DB/OL].https://zhuanlan.zhihu.com/p/359200348.

[11] 生态笔记.Word查找和替换通配符(完全版).[DB/OL].https://blog.csdn.net/weixin_44557372/article/details/131015093.

[12] 张轶骏,谢婷,徐旭,张佳祺.计算机辅助翻译实验教程[M].成都:电子科技大学出版社,2021.

[13] 新民晚报.全球人工智能创新指数出炉 中国连续3年世界第二|2023世界人工智能大会[DB/OL].https://china.chinadaily.com.cn/a/202307/07/WS64a7fda5a310ba94c561563b.html.

[14] 赵志君,庄馨予.中国人工智能高质量发展:现状、问题与方略[J].改革,2023(09):11-20.

[15] 肖维青,冯庆华.《翻译专业本科教学指南》解读[J].外语界,2019(05):8-13+20.